スクールカーストの闇

—なぜ若者は便所飯をするのか—

和田秀樹

祥伝社黄金文庫

本書は、二〇一〇年六月、小社より単行本『なぜ若者はトイレで「ひとりランチ」をするのか』として発行された作品を加筆・修正し文庫化したものです。

もはや都市伝説ではない「便所飯《べんじょめし》」の調査結果

本書は、二〇一〇年六月に発刊した『なぜ若者はトイレで「ひとりランチ」をするのか』を文庫化したものである。若干、古くなった部分を改訂させていただき、加筆させていただいた。

とある住宅リフォーム会社が二四五九人を対象にトイレに関する調査を行ない、一〇人に一人が「トイレで食事をしたことがある」と答え、とくに二〇代の五人に一人が「トイレでの食事経験アリ」と答えたという結果を発表して以来、本書の著者ということもあって、かなりの数の取材を受けた。(サンリフレプラザ調べ、調査期間2013年1月24日～2月25日)

実は、二〇一〇年当時は、この便所飯《べんじょめし》については、都市伝説なのではないかという声もあった。それがかなり大規模な実態調査によって、二〇代の五人に一人が経験しているということを知り、著者である私も、多少の衝撃は禁じえなかった。

ただ、オリジナル版を書いた当時以上に、さらに若者たちが便所飯に走る心理の背景――友達がいないと思われるのが怖い――は、強まっていると私は見ている。

人気、友達の多さ、あるいは、コミュニケーション能力による教室内での序列化は、より子供の世界で広まっているようだ。大津《おおつ》の中学生が、いじめによるとされる自殺をした事件や、大阪の高校生が体罰によるとされる自殺をした事件を契機に、犯罪レベルの暴行や恐喝となっているいじめや体罰の問題が大々的にクローズアップされたが、若い人に聞く限り、この手の犯罪レベルのものは、そんなに蔓延《まんえん》したものではない。むしろ、スクールカーストの下位に落とす、つまり、仲間が離れていくという形のいじめのほうがはるかに多いようだ。

学力や体力による競争や序列化を排し、みんな仲良くを学校世界で強調しすぎた結果、かえって友達の多さや人気による序列化が強まってしまった。私が取材を受けたテレビ番組の若手ディレクターによると、彼らが取材した二〇代の人、すべてがこのような教室内のカーストを経験していたという。さらに言うと、教師までが、人気のある生徒を利用して、教室をコントロールしようとするため、このカーストにお墨付きが与えられているとのことだ。また、オリジナル版でも指摘した、ペーパーテスト学力を軽視し、教師の主観で内申点をつけるという観点別評価についても、ゆとり教育が撤回されたとされる現在のカリキュラムでも、以前の通り続けられている。それどころか、高校生になったら、そこから解放されるはずだったのに、ＡＯや推薦入学がさらなる広がりを見せることで、高校になっても、教師の目を気にする子供たちが増えているそうだ。週刊誌報道によると、体罰によって自殺したとされる子供も、早稲田《わせだ》大学の推薦入学がかかっていたから、教師に逆らえなかったという。

東大が、推薦入学、面接入試を導入することが話題になるように、今でも、面接や推薦で、ユニークな生徒が発掘できるという考え方が強いが、実際には、それが若者の心を確実に蝕《むしば》んでいる。東大に追随する学校が増えると、エリート校の生徒だけは、教師の目が介在しない学力で勝負でき、また、人に合わせることより競争心が旺盛だったのに、そういう子供たちまで、人目を気にするようになってしまうのではないかと心配だ。

このまま、日本の子供たち、若者たちが、人目ばかりを気にするようになり、実力や学力が低下していくと、メンタルヘルスにも悪いし、国際社会や知識社会で取り残されるようになりかねない。そういう危機意識が共有されるためにも、本書が文庫化され、広く読まれることを願ってやまない。

二〇一三年五月　　　　　　　　　　　　和田秀樹《わだひでき》

旧版まえがき

本書のタイトルに掲げた「トイレでひとりランチ」。この行為を称して「便所飯《べんじょめし》」という。

この「便所飯」なる言葉を、いま初めて聞いた方もいるだろう。以下、国語辞典ふうに説明してみよう。

【便所飯】（べん・じょ・めし）おもに若者が、トイレの個室の中で、ひとりで昼食をとる行為のこと。人目につく場所で、ひとりで食事をしていると、「一緒に昼食をとるような友達がいない人間だ」と、他者から思われてしまう――こうした強迫観念に駆られ、「友達もいない寂しい人間」「変わった人間」に見られたくないという一心で、「ひとりで食事をする姿を、絶対に誰にも見られない」トイレの個室に駆け込む。この言葉は、二〇〇四年ごろから、インターネット上で広まりだしたとされる。

この「便所飯」騒動が、いま世間で物議を醸《かも》している。

そして、この本を手にとった方の心理は、大きく二分されると予測する。

ひとつは、「いま、まさに便所飯行為中、あるいは、自分が便所飯行為をしてしまいそうで悩んでいる」。

もうひとつは、「便所飯するなんて、まったく理解不能だ、なぜ?」。

どちらかといえば、困惑している人のほうが多いのではないか。「トイレの個室の中で、わざわざランチをとる」若者など、本当に存在するのか?　半信半疑、いや、いるわけないと疑いの目で見る向きも多いだろう。そこまで強く思わなくとも、何となく、ピンとこない方が大半なのではないか。

当然だ。「便所飯」行為は、当事者の自己申告なしには、表に出てこない。たとえ、トイレで、隣の個室から「食べ物の匂い」「何かを食べているような音」がしても、まさか、確認するわけにもいかない。

先だって、『特報首都圏』という番組が放映された(NHK総合/二〇一〇年四月二十三日放送)。「〝ひとり〟が怖い」と題し、各大学の新入生たちが、新しい環境下で、いかに友達をつくることに難儀しているかをレポートしたものだ。番組の中では、まさに自らの「便所飯」行為をカミングアウトし、「トイレでランチをとる理由」を「友達がいない奴だと思われたくないから」と語る学生の姿があった。

学生は、「ひとりで食事をする恥ずかしさよりは、トイレで食事するほうが、気が楽」「いちばん大事なのは、（他人にひとりで食事する姿を）見られないという大前提」と告白していた。

事態を重く見た法政大学のある教授が学生にアンケートをとった結果、四〇〇名中、九名から「便所飯」の経験アリ、という回答があったという。実際、他大学でも、「友達がいない」ことが原因で、肝心の学業に身が入らず、せっかく入学した大学を、中退する生徒が後を絶たないそうだ。

学校側は、そのような「仲間に溶け込めない」新入生に対して、教員たちが積極的に生徒に話しかける、また、学内にカウンセラーを用意するなど、あらゆる対策を講じていた。大学側のさまざまな工夫と苦労は認めるが、それではもう遅い。

なぜ、若者はここまで「ひとり」でいることを恐れるようになったのか？　なぜ、ここまで「他者の目」を気にするようになってしまったのか？

その元凶は、小学校からの、間違った教育方針にあったと私は見ている。いますぐにでも、学校教育方針を是正《ぜせい》しないと、「トイレでランチをとる」人々が増えるばかりだ。若者が、いずれ歳を重ねると、「日本全国・ランチ総個室化」にもなりかねない。そのうち、「昼食は誰にも見られない場所で、ひとりでとるもの」という認識が一般化してしまうだろう。

いまの子供たちは、日々苦しんでいる。友達がいない＝人気者でない生徒は、落伍者《らくごしゃ》と見なされ、見えない形のいじめにあっているようなのだ。

いつしか、「友達がいない人間というのは、いじめられているのだ」と刷り込まれてしまい、その強迫観念が、ちょっとやそっとじゃ消えなくなる。彼らが苦しんだ結果が、この「便所飯」騒動となって現われた。

それでもまだ、「便所飯」という言葉にピンとこない方は、ぜひ、本書のこの先を読み進めてほしい。

本書は、世代間の理解を深めるものだとも自負する。ひとりでも多くの方に読んでいただければ、著者として幸甚この上ない。

和田秀樹

目次

第1章　「便所飯」現象は、何を物語るのか

第2章　「スクールカースト」――教室に「身分制度」が生まれた

第3章　本音を言えない若者は「真の自己」を失っている

第4章　「人間性」を大事にしすぎたら、社会が壊れた

第5章　若者たちは、なぜ未来に希望が持てないのか

本文装丁／盛川和洋

第1章

「便所飯」現象は、何を物語るのか

なぜ、よりにもよって「トイレで食事」？

「便所飯」という言葉が、広く世間の関心を集めたのは、二〇〇九年七月、朝日新聞夕刊の一面に掲載された、ある記事がきっかけだった。かなりのインパクトがあり、テレビのワイドショーも後追いで大きく取り上げたので、ご記憶の方も多いはずだ。

〈友達いなくて便所飯？「一人で食べる姿、見られたくない」〉

そう題された記事には、トイレの個室で、便器に座ってパンを食べる若者をコミカルなタッチで描いたイラストも添えられている（左ページ参照）。

東京大学、名城《めいじょう》大学、横浜国立大学、関西大学、関西学院大学など各地の大学で、トイレでの「喫煙」「落書き」「食事」を禁止する張り紙が見つかった――という内容だ。喫煙や落書きはともかく、トイレでの「食事」は、本来わざわざ禁止するような行為ではない。常識的には、誰もそんなことをするはずがないからだ。

いずれの張り紙にも、「監視カメラ作動中」「違反者にはトイレ使用禁止などの処分を行います」などと書かれており、あたかも大学当局が張り出したような体裁になっていた。だが、どの大学もそれを否定。記者の取材に対して、「トイレ使用禁止の処分なんて規則

友達いなくて便所飯？

「一人で食べる姿、見られたくない」

トイレの個室で次のことを禁止します。落書き、喫煙、食事――。こんな紙が、あちこちの大学で張られている。落書きや喫煙の禁止は見かけるが、この張り紙、食事にまで触れている。図柄は同じで、最後に大学名。ところが、どの大学も「張り出した覚えはない」。誰が、何のために。探っていくと、周囲の視線を気にする今の若者を映し出した言葉「便所飯《べんじょめし》」に行き着く。

（市原研吾、中村真理子、二階堂勇）

各地の大学に禁止の張り紙

東京大法学部の学生(23)は6月下旬、本郷キャンパスの理学部1号館の男子トイレでこんな張り紙を見つけた。

「トイレ個室内での以下のような行為を禁止します」

ウサギと洋式トイレのイラストに、「喫煙」「落書き」「食事」の写真があり、大きくバツ印があった。「監視カメラ作動中」とあり、「違反者にはトイレ使用禁止などの処分を行います」と続く。最後に「東京大学」と書かれ、いかにも大学当局が張り出したように見えた。

名古屋市天白区の名城大では、3年の男子学生(21)が昨年暮れに張り紙を初めて見た。「監視カメラ作動中って書いてあるから、見上げて確かめちゃいました」

トイレの個室でご飯を食べる。こんな「？」な行動は「便所飯」と呼ばれ、実は学生を中心に若者に広がっている。みんなが楽しく語らうキャンパスで、自分には友達がおらず、独りぼっち。学食などで一人で食べている姿を見られるのが嫌で「便所飯」に走るという。

横浜国立大でも5月、生協近くの男子トイレで張り紙があった。関西大や関西学院大でも昨秋、大学名を変えた同様の張り紙が学内のトイレで見つかった。

いずれの大学も、もちろんトイレに監視カメラは設置していない。横国大は「トイレ使用禁止の処分なんて規則としてあり得ない」と憤り、東大の広報も「学生のいたずらだろうか」と首をかしげる。

そろいもそろって、同じ張り紙。実はインターネットの掲示板には、この話題が散見される。誰かが「書式」をアップし、いろんな学生が張り出しているとも考えられる。

「私もやった」「友達にいる」

大阪大の辻大介准教授（コミュニケーション論）は2年前、学生から「便所飯」「トイレ飯」という言葉を聞いた。いくつかの大学の授業で

話題になった朝日新聞の記事（2009年7月6日付夕刊）

としてあり得ない」「学生のいたずらだろうか」と答えている。

言うまでもなく、ここで問題なのは、張り紙の真偽ではない。この報道が多くの人々を驚かせたのは、「便所飯」という行為そのものである。

そんな行為が実際にはないのなら、ご丁寧《ていねい》に「いたずら」で、それを禁止する張り紙を作るはずがない。朝日新聞の記事では、トイレの個室で食事をする行為が「実は学生を中心に若者に広がっている」と断定し、「学食などで一人で食べている姿を見られるのが嫌で『便所飯』に走るという」と書いている。

一般的に、便所ほど「食事をしたくない場所」はないだろう。昔にくらべれば清潔になったとはいえ、トイレットペーパーや汚物入れが否応《いやおう》なく目に入るし、食事中に嗅《か》いだり聞いたりしたくない「臭い」や「音」も発生する。物を食すには「最悪のシチュエーション」と言ってもいい。できれば、トイレの近くで物を食べることすら避けたいところだ。公園で花見をするときに、わざわざ公衆便所の近くに、シートを広げて場所取りをする人がいないのと同様に。

「人に見られないことが大前提。トイレは汚いから嫌だ、という感覚はあまりなかった」

（前出『特報首都圏』で放映された、ある学生の告白）

そんな「最悪の場所」を選んででも、「外で、ひとりで食べている姿を見られるよりはマシ」と考える若者がいる――もし「便所飯」がブームになっているとしたら、極めてショッキングな現象だ。「いまの若者はそこまで病んでいるのか」と驚いた人が多いのも無理はない。

「便所飯」行為を信じられない・信じたくない人たち

「便所飯」の実態は必ずしも明らかではない。

マスメディアで大きく取り上げられたのはこの記事が最初のようだが、その前の二〇〇八年、同じく朝日新聞に「『友達』若者の負担に」（八月二日・大阪版夕刊）という記事が載った。それを追うかたちで、『日経ビジネスアソシエ』（二〇〇九年・二月十七日号）に「女子大学生に見られる『便所飯』　上下関係が減少し、〝友達格差〟が顕在《けんざい》化」という記事が掲載された。

そもそも「便所飯」という言葉は、［旧版まえがき］で述べたように、二〇〇四年ごろから、ネット上で「都市伝説」のように広まっていた。その発端は、「便所飯」行為をカミングアウトした、いくつかの個人ブログだったという。

そして二〇〇六年、ネット上のフリー百科事典、ウィキペディア日本語版で、この「便所飯」を項目として採用するか否か、存続派と削除派との熾烈《しれつ》な戦いが勃発《ぼっぱつ》する。

便所の個室に入ることをブースイン、個室を出ることをブースアウトと称し、ブースイン&アウトのどちらも「人に見られないことが望ましい」。また、個室に入ってからも、他人に気づかれないように「カレーのような匂いの強いものや、食べるときに音が出る（コンビニのおにぎりなどの）食材は避けるべき」「長居をすると怪しまれるため、食事は数分で済ませること」といった書き込みが連続した。これらの記述は、「行き過ぎた悪質な書き込み」「茶化《ちゃか》すにも程がある」「いや実際に行なわれていることだ」と、論争はさらに白熱化する。

繰り返し書き込みおよび削除がなされた末、「便所飯」の項目は、「検証に耐えうる根拠がないため、百科事典の一項目とされるべき正当性に欠ける」などといった理由により、最終的に削除が決定した（項目削除に至るまでの経緯は、二〇一〇年現在でも、ウィキペディア上で閲覧可能）。補足すると、「便所飯」の項目は、現在「ランチメイト症候群」（後述）の一種として、同項目内にひっそりと設けられている。

そもそも、まったく実態がない、架空の事例を対象にして、ここまで大揉《も》めすることはないだろう。もし「便所飯」行為が、まったく根も葉もない噂《うわさ》だったとしたら、「あり得ない」「知らない」で、すぐに結論が出て、議論にもならず、さっさと終わっていたのではないか。記述の中には、悪意がゼロだったとまでは言えないが、多くの人が「気になってしまう」現象だったからこそ、書き込みが何度も繰り返され、大論争にまで発展してしまったのではないかという推測もできる。

「便所飯」という言葉が、「ジャパンナレッジ」および「Ｙａｈｏｏ！辞書」の新語探検欄に登場したのは、二〇〇八年十一月十日のことだ。以下に引用しよう。

便所飯（ベンジョメシ）　一人で食事をしている姿を友達に見られないために、トイレの個室にこもって弁当を食べること。若者たちにとっては大学などの昼食時間にたった一人で学生食堂で食べている姿は「友達ももてない淋しい奴」という印象を与えることになるので、絶対に見られたくないのである。だから、ケータイで一緒に食べてくれる相手を探して昼食をともにし、それでも相手がいないときにはトイレの個室で誰にも見られないように食べるという。ただ、それはあくまでも友達が多い大学構内だけであって、大学から離れた街中の飲食店では一人で食べるのも苦にならないらしい。つまり、若者たちが恐れているのは一人でいること自体ではなく、そこに向けられる仲間集団の視線なのである。

（Ｊａｐａｎｋｎｏｗｌｅｄｇｅ「亀井《かめい》肇《はじめ》の新語探検」より）

このほかにもネット上では、さまざまな「便所飯」に関するトピックが見られる。

しかし、「言葉」が流布しているからといって、その「行為」自体も、朝日新聞が示すとおり「広がっている」とは限らない。たしかに「経験がある」と告白する人は何人もいるし、「便所飯」行為に悩む若者から、相談を受けた専門家もいる。私もそういう記事を何度も目にした。

だが、それが大きなトレンドとして、日本中の若者全体に「広がっている」と言えるほどの根拠はどこにもない。そのため朝日新聞の記事が出てからしばらくは、その内容を批判する声も少なからずあり、ネット上では「朝日やっちゃった?」「天下の朝日が釣られた?」という主旨の書き込みも数多く見られ、論争に拍車をかけた。

その後も、『日刊ゲンダイ』『SPA!』をはじめ、さまざまなメディアが、この「便所飯」現象について取り上げたが、それらの論調は、いずれも「便所飯」は本当に都市伝説なのか、その実態はあるのか否かを検証するものだった。その背後には、「便所飯という事実などあって欲しくない。若者がそこまで病んでいるとは、信じたくない」という気持ちが見え隠れする。

前出のとおり、『特報首都圏』内で、法政大学で行なわれたアンケートでは、四〇〇名中、九名の学生が「便所飯経験アリ」と回答。この数字を多いと見るか少ないと見るか、これまた意見が分かれるところだろう。

事の真偽を正しく把握《はあく》するのは難しい。何しろ「ひとりで食事する姿を、絶対に他人に見られたくない人」が、個室のトイレで、こっそり隠れてやっていることだ。当の本人がカミングアウトしなければ、誰もその実態を摑《つか》めない。それこそ大学当局が「禁止」せざるを得ないほど、ゴミで散らかった個室が露《あら》わにならない限り、「広く蔓延《まんえん》している」事実を堂々と証明するのは不可能だ。「便所飯否定派」は、その点をついてくる。

私自身、「便所飯」なる現象が本当にあるのか、あるとすれば、どの程度まで若者に広がっているのかを知る立場にはない。よほどの重症でもなければ、「トイレでの食事がやめられなくて……」と悩んでカウンセリングに訪れることもないからだ。

以前にくらべて精神科・心療内科の敷居が格段に低くなり、そう躊躇《ちゅうちょ》せずにカウンセリングを受けられる雰囲気にはなってきた。とは言え、患者が単独で精神科医を訪れるケースはいまだに多くない。相変わらず、親、教師、友人など周囲の人が本人を連れてくるほうが一般的。その時点で、患者はすでに深刻な状態になっているケースが少なくない。

「便所飯」は周囲が気づきにくい行為である。加えて、「ひとりでの食事」を恥ずかしいと思う人が、それに悩んで周囲に相談するとも思えない。したがって、精神科医の前には浮上しづらい問題なのだ。

さらに、大学内では「便所飯」を摘発《てきはつ》する動きもある。その行為を見つかったら最後、徹底的に攻撃を受けるという。これを「便所飯狩り」と呼ぶそうだ。まるで「人として許されない行為に及んだ犯罪者」扱いではないか。これではますます「自己申告」がしづらくなる。

このように、実態がわからないからといって、それを心理学の立場で論ずる意味がないかというと、その認識は間違っている。

たとえ都市伝説にすぎず、ブームにまではいたっていないにせよ、この現象は、さも事実であるかのような説得力を持つ。そちらのほうが、大きな問題なのだ。

「行き過ぎた平等主義」が生んだ、運動会の「手をつないでゴール」

やや話は逸《そ》れるが、ここで似たような例をひとつ挙げておこう。

ずいぶん前から、小学校の運動会で、徒競走に順位をつけないことが問題視されてきた。この話題に関しては、大部分の人が認識しているはずだ。

その象徴として、しばしば取り沙汰《ざた》されるのが「手をつないでゴール」だ。足の速い子も遅い子も、最後は手をつないで横一線でゴールする。多くの人が、全国各地でそういう運動会が行なわれていると認識している。学校教育の「行き過ぎた平等主義」を批判する識者たちが、必ずといっていいほど持ち出す話題だからだ。

しかし、その話もほぼ間違いなく、伝聞情報に基づいたもの。自分の目で「手をつないでゴール」を見て批判している人はまずいない。誰も見ていないにもかかわらず（実は私は、見たという人をひとりだけ知っているが）「最近の小学校は運動会で手をつないでゴールさせている」と、広く常識として語られている。

そのため、教育評論家の森口朗《もりぐちあきら》氏をはじめとして、単なる「都市伝説」だと指摘する人も存在する。

たしかに、本当にそれが横行しているなら、子供たちが手をつないでゴールする瞬間をとらえた写真や動画が、マスメディアやネット上に出回っていても不思議ではない。しかし、少なくとも私自身は見たことがない。

また、「うちの学校はそうしているが、そのどこが悪いのか」との反論が、学校サイドから一切聞こえてこないのも不自然だ。学校側は、これだけ各方面から批判されている現状を放置せずに、「手をつないでゴール」を正式ルールとして採用した理由をきちんと説明すべきだろう。しかし、そんな話も聞いたことがない。

この件に関しても、「都市伝説ではない」証拠が見当たらないのが実状である。では、誰も見たことがないにもかかわらず、なぜ「手をつないでゴール」がこれほど広く信じられるようになったのか。

それは、「いまの学校なら、それぐらいのことはやるに違いない」という認識が、世間で広く共有されているからだ。「手をつないでゴール」まではさせないものの、運動会で一等賞の子供を表彰しない（1位、2位……という旗の下に並ばせない）小学校は、たしかに存在する。また、体育の授業中に「予選」を行ない、運動会本番ではタイムの近い子供同士を一緒に走らせ、差がつくことのないよう配慮する学校も増えた。「足の遅い子」に恥をかかせないための、いわば平等主義的な風潮は、間違いなくあるのだ。

これは運動会に限ったことではない。勉強やスポーツの成績で子供を差別しないよう、いまの学校は、「成績」を評価の対象にしなくなった。

あらゆる「競争」を否定し、子供たちの均質化を求めるようになったのだ（実はそれが「便所飯」問題の遠因にもなっているのだが、それについては後ほどゆっくり話すことにしよう）。

だからこそ、「手をつないでゴール」の話はリアリティがある。聞けば、「さもありなん」と感じる下地があったから、まず都市伝説として広まり、限りなく事実に近いものとして認識され、一般的な「常識」として定着したのだ。

もし、「手をつないでゴール」が事実無根の話だったとしても、この件を論じること自体は有意義である。都市伝説とは、現代社会の世情や傾向が、間違いなく反映されるものだからだ。

「ひとりで食事する奴」＝「友達がいない奴」＝「大きな恥」

「便所飯」も、この「手をつないでゴール」話と同様である。

朝日新聞やワイドショーが大きく取り上げるより何年も前から、それは若者たちのあいだで、「事実」であることを前提として語られていた。「最近、トイレの個室で昼飯を食べる奴が多いらしいぞ」という噂が、かなりの説得力を持っていたからだ。まさに、「火のないところに煙は立たない」一例である。

マスコミ報道や、本書で初めて「便所飯」行為を知った、ある一定以上の世代の場合は、ほとんどの人が「信じられない現象だ」と感じたに違いない。

しかし若い世代は違う。彼らは、ネットで「便所飯」の現状を見た瞬間、「ああ、とうとうここまで来たか」と思ったはずだ。そんな行為に走る人間が現われても全然不思議ではない――あるいは自分自身がいつ、そうなってもおかしくない――と思えるような心理的状況が、すでにあったからだ。

トイレの個室に逃げ込むと聞けば、そこには「ひとりになりたい」「狭い空間だと落ち着く」という心理が働いているのだと推測する人もいるだろう。たしかに、「ひとりで落ち着いて」トイレで、よく新聞や本を読むような人なら、「便所飯」も、その延長線上にある行動だと見なしたくもなる。

「トイレで、ひとりで食べるほうが、落ち着くから?」

違う。「便所飯」の心理はそうではない。

朝日新聞の記事にあったとおりだ。いまの若者たちは「ひとりで食べている姿を見られるのが、何よりも嫌」なのだ。ひとりで食べる＝一緒に食事をする相手がいない＝つまり「友達がいない」自分の姿を、堂々と「他人に見せて」しまうからである。

ここで注意が必要なのは、彼らは「友達がいないのが嫌」ではないという点だ。年配世代はそこを勘違いしやすいのだが、いまの若者は「友達がいないこと」自体にはさほど苦痛を感じていない。

実際、「便所飯」の定義では、「それはあくまでも友達が多い大学構内だけであって、大学から離れた街中の飲食店では一人で食べるのも苦にならないらしい（前述・「亀井肇の新語探検」）」とされている。

彼らが徹底的に避けたいのは、周囲から「あいつは友達がいない奴だ」と思われること。「友達がいない人間」と見なされるのは、どの世代にとっても決して嬉しいことではない。しかし、少なくとも私の世代が学生だったころは、ひとりで学食に行くことを、それほど恥ずかしくは思わなかった。友達がいても、タイミングが合わなくて、ひとりで食事せざるを得ないことなどいくらでもある。それに、赤の他人に「友達がいない」と思われたところで、とくに屈辱だとも、不名誉だとも思わない。

しかし、いつしか「ひとりで食事する奴＝友達がいない奴」という図式が共有されるようになり、「友達がいないこと」は若者にとって大きな恥となる。多くの若者は、いかにしてそのレッテルを貼られないようにするかを、最優先で考えるようになった。

「一緒に昼食を食べる相手＝ランチメイト」の存在理由

そんな心理の表われとして、最初に登場した具体的な「症例」が、いわゆる「ランチメイト症候群」だ。精神科医の町沢静夫《まちざわしずお》氏が名付けたもので、二〇〇一年の春頃から、マスコミ報道でも頻繁《ひんぱん》に取り上げられるようになった。

おもに学生や、若いＯＬを中心に見られる「症候群」である。ひとりで食事をするのが怖い、またはひとりで食事をとる自分は、無価値な人間ではないかと不安を覚える〝病理〟（医学界できちんと診断され定められたわけではない）のことだ。なぜ「症候群」なのかというと、この症状が悪化すると、登校拒否や出社拒否、果ては自殺にいたるといった、深刻な問題を抱えているとされるからだ。

命名の由来は、女性の相談者が、昼食を共にする相手を「ランチメイト」と呼んだことだと言う。聞けば、たしかに不自然な話である。ふだんから仲のいい友達や、会社の同僚と昼食をとるとき、わざわざそんな呼び方をする必要はない。

それをあえて「ランチメイト」と呼んで区別しているからには、その相手は、ふつうの「友達」とは違う存在に違いない。とくに親しいわけではなく、「一緒に昼食を食べる」という役割だけを担《にな》う存在だから、「ランチメイト」なのだ。

実際に会うことはなく、メールのやりとりだけでつきあっている相手を「メル友」と呼ぶのと似たようなものだと思えばいい。

若いＯＬたちが「ランチメイト」を必要とするのは、「ひとりでランチをとるのが寂しいから」だけではない。

むしろ、いまの若い世代は、昔の日本人よりも「ひとりで過ごすのが好き」だ。実際、男女関係なく、いまの二〇代は会社帰りにいちいち飲みに行ったりしない。まっすぐ家に帰って、ひとりでゲームに興じたり、テレビやネットを見たりしている。

二〇年前なら、こういう若者は「変わり者」と呼ばれただろう。だが、いまはそれが少しも不自然ではなくなった。もし彼らが「寂しがり屋」だったら、いくら不景気でお金がないとはいえ、そんなライフスタイルにはならないはずだ。ひとりで過ごすこと自体は、彼らにとって苦痛でも何でもない。ならば昼食もひとりでさっさと済ませばよさそうなものだが、そうはいかない。「自分の部屋でひとり」とは違って、こちらには「周囲の他者の目」がある。ひとりで過ごすのは平気なのに、昼食は無理矢理「ランチメイト」をこさえてでも、誰かと一緒に食べようとする。

何よりも、「友達のいない人間」だと思われたくないからだ。

ひとりが寂しいからという理由で、食事の相手を探すなら、アフターファイブも「ディナーメイト」「居酒屋メイト」が必要になるはず。しかし、彼女たちが求めるのはあくまでも「ランチメイト」限定。夜は、デパ地下で調達したお惣菜など、テイクアウトした「夕食」を、自宅で食べている。誰も見ていなければ、「ひとりでもＯＫ」なのだ。

そういえば、最近の飲食店では、やたらと「テイクアウトできます」という看板が目立つ。それも、より多くのお客を呼ぶための、必要条件となっているのだろうか。

アメリカの男性の「最大の恐怖」とは？

ここで私が思い出すのは、二〇年近く前の米国留学中に知った、アメリカ男性の「同性愛者（ホモセクシャル）恐怖」である。

同性愛者への恐怖といっても、当人そのものに対してではない。自分が同性愛者になることが怖いのでもない。彼らは、周囲から「あいつはホモだ」と思われることを、極端に恐れている。

日本では「アメリカ人は、同性愛に理解がある」と思われがちだから、これは、意外に感じられるかもしれない。音楽・映画業界など、文化的な分野では、同性愛者のアーティストが堂々とカミングアウトしているので、むしろ「同性愛者って、カッコいい」と憧れる人も多いだろう。

しかし実のところ、米国内で同性愛者が偏見の目で見られていないのは、ニューヨークやロサンゼルスといった、ごく一部の大都市に限っての話である。その部分を眺めるだけでは、アメリカという国の「素顔」は決して見えてこない。

とくに「バイブル・ベルト」とも呼ばれる、中西部から南東部にかけての地域では、極めて保守的なキリスト教原理主義が根強く信仰されている。「進化論を学校で教えるべきではない」といった論争がいまだに絶えないほどだから、当然、同性愛者にも厳しい。「神を冒瀆《ぼうとく》するもの」と見なされて、激しい差別を受けているのが現状だ。

私が留学中に暮らしていたカンザス州の州都、トピーカでも、毎週日曜日、「ホモは出て行け！」「ホモは人間ではない」などといった、非常に過激なプラカードを掲げた人々が、デモ行進する光景が見られた。

それがアメリカの実情だ。誰もが、絶対に同性愛者だと思われたくない。その恐怖心たるや、日本人の想像をはるかに超えている。

例を挙げよう。まず、アメリカ人には、「男同士で飲みに行く」という、日本ではごく当たり前の習慣がほとんどない。その理由は、同性愛者だと誤解される行動を避けることに外《ほか》ならない。

ここ日本では、男性同士が、肩を寄せ合うようにしてバーのカウンターや赤提灯《あかちょうちん》で酒を飲んでいるが、事情をよく知らないアメリカ人がそれを見たらギョッとするに違いない。

アメリカの場合、ポルノ業界でさえ「ホモセクシャル恐怖」が根強い。以前、UCLAの教授が、さまざまなポルノ業界の人間をインタビューしている本を私が翻訳して連載したことがあった。その中にこんなエピソードが載っていた。

「男性二名と女性一名」のシチュエーションで、「3P」の撮影をする際のこと。それまで、男優は「まるでホモみたい」に見えないように、一方が女優の「前側」なら、もう一方が「後ろ側」といった具合に、間に女優を挟んで、男性同士は離れたポジションを取ることがお約束だった。ところがある撮影現場で、その体位を女優が拒否したため、二人のペニスが接近する形になってしまった。そのインタビューでは、男優たちは相当激しく女優を非難していたという。

これが日本人なら、「ポルノ」の仕事を選んだ時点で、同性愛だろうが何だろうが、きっと受け入れることだろう。しかしアメリカ人は、カメラの前で3Pを演じるのはOKでも、「その部分」だけは断固NGを出す。それほどまでに、「同性愛者だと思われたくない」意識が働くのである。

また、アメリカ人男性がパーティに参加するときは、必ず女性を同伴する。これもまったく同じ理由だ。パートナーのいない男性は、知り合いの女性に「今夜だけ恋人のふりをしてくれ」と土下座してまで、カップルで行きたがる。それは、単に「彼女がいない自分が格好悪い」だけの問題ではない。「女性の恋人がいない＝同性愛者」と見られることを、とことん恐れているのである。

以上は、アメリカ社会で、実際に私が見聞した事実である。非常に驚いた。日本でも、以前ほどではないにせよ、ホモセクシャルとレズビアンに対する世間の目は、いまだに厳しい現状がある。しかし、日本人がここまでの行為に及ぶことはなかった。

私自身、そもそも同性愛者を否定する気持ちをまったく持ち合わせていないので「そこまで徹底しなくても……私は何とも思わないのに」と、常にもどかしく感じていたものだ。

OLを襲う「ひとりぼっち恐怖」

ランチメイトを求める心理は、「ホモセクシャル恐怖」とよく似ている。

アメリカの男性が、パーティで周囲に「異性のパートナーがいる」と思わせるため、必死に適当な女性を探すのと同様、日本の若いOLは「友達がいる」と思われたくて、たいして親しくもない相手とランチを共にする。前者が「ホモセクシャル恐怖」なら、こちらは「ひとりぼっち恐怖」とでも呼ぶべきか。

いずれも、当事者が気にするのは「周囲の他者の目」だけだ。

パーティに連れて行く女性は本物の恋人でなくていいし、ランチメイトは本物の友人である必要がない。おそらく、ランチメイトの女性たちは、お互いの家に遊びに行くこともなければ、一緒にショッピングや映画を楽しむこともないだろう。きっと、電話をかけて悩みを打ち明けるようなこともない。あくまでも、ランチタイム限定の擬似《ぎじ》的な友人関係を築いている。

アメリカの男性が同性愛者に見られることを恐れるのは、同性愛者は差別対象者だから、自分という人間に対する評価を下げることにつながると危惧《きぐ》するからだ。周囲からの信用を失い、場合によっては仕事面での出世にも響く。恐怖の根底には、そういう不安がある。

ランチメイト症候群の人々も、恐れているのは自分の「評判」が悪くなること。あの人は、ランチを共にする友達もいないくらい、人間的な魅力や価値に欠けているのだ——と、周囲の人々が考えると思い込んでいる。だから無理してでも「友達がいるように」振る舞う。

本人は別に友達がいないことを辛《つら》いとは思わない。むしろ「ひとりで過ごすのが好き」なのだから、無理に友人がいるように装うのは精神的にもきつい。いわば「周囲の評価基準」に自分を合わせて、背伸びしているような状態だ。毎日のようにそれを続けていれば、遅かれ早かれ疲れ切ってしまう。しまいには、精神科医のカウンセリングを受けようとまで思うようになる。

しかし、日常的にランチメイトを確保し、周囲に「自分には友達がいる」と思わせられる人には、まだ救いがある。中には、ランチメイトすらいない人もいるはずだ。そもそも友達ができないほど、対人関係が苦手なのだから、ランチメイトを得るのも難しい。パーティ用の「擬似恋人」とは違い、「あとでお礼はするから」と土下座して頼むほどのことでもない。

ランチメイトがいないという理由で、登校拒否や出社拒否、果ては退学、退社にまで追い込まれるケースもあるそうだ。そこまでいけばかなりの重症である。では別にいまの学校や会社に不満があるわけではないのに、辞めたくない人は、どうしたらいいのか。

周囲に「友達のいない奴」「いつも孤独な変人」と思われないようにするためには、「そのように見られない場所」で食事をするしかない。

会社であれ学校であれ、周囲の目を完全にシャットアウトできる空間は少ない。空《あ》いた教室や会議室を見つけたとしても、いつ、誰が入ってくるかわからない状況で、冷や冷やしながらでは、せっかくの食事も、ろくに咽喉《のど》を通らない。

その解決策として、お昼時間に、学校や会社のエリアから遠く離れた場所へ向かい、そこで食事をする人もいる。

しかし、食事のたびに、わざわざ遠出するなんて面倒くさい。時間もお金も余計にかかる。さらに、いくら遠く離れたとしても、他人の目に一切触れない場所など、まったくないという現実にぶちあたる。そこに「知った顔」が見当たらなくても、他者の目が気になってしかたがない。たとえ自分以外に誰もお客さんが入っていない飲食店でも、店員は必ずいる。「あっ、友達のいない人、一名様がご来店」と思われているのではないかと、不安でたまらなくなるのだ。

どこかに、誰の目も気にせずに、安心して食事ができる場所はないのか？

あった。唯一それが可能なのは、トイレの個室だ。

そこで浮上したのが「便所飯」。

だからこそ、「便所飯」の噂は、多くの若者たちに「いずれは当然そうなるよな」と、「あり得る話」として、一斉に受け入れられた。

こうして「便所飯」は、いわば「ランチメイト症候群」の発展形として、リアリティを獲得し、すっかり認知されたのだ。

「脇役」不在の舞台、「学級委員長」不在のクラス

「便所飯」が、大々的なブームなのかどうかまでは実証できないが、若者たちのあいだに「友達のいない奴だと思われたくない」という心理が蔓延していることは間違いない。その地盤があったから、多くの若者が「便所飯」と聞いて「やっぱりな」と同感したのだ。

実際、「便所飯」が若者の一部にでも蔓延している現状は大問題だ。明らかに社会的不適応な行為だから、何らかの対処が急務である。毎日のようにトイレで食事をする人たちは、ランチメイト症候群以上に、深刻な心理的トラブルを抱え込んでいるはずだ。

「単なる都市伝説だから、放置しておけ」という意見には、私は断固反対する。

「便所飯」のような異様な行動が、広い範囲で「あっても不思議じゃない」と感じる状況そのものが、大きな問題を孕《はら》んでいるからだ。

「友達がいない、ダメ人間だと思われたくない」「いつもひとりぼっちだと思われたくない」――若者たちのあいだに、このような心理がますます広がっていけば、さらに多くの不適応を生み出す。いや、もうすでにその心理が、若者の起こす事件や犯罪の下地になっている可能性もある。もし、若者にそんな心理を抱かせる社会的要因があるならば、一刻

も早い是正《ぜせい》が必要となる。

なぜ、「友達がいないと思われることを極端に嫌がる文化」が、若者の意識の根底に根付いてしまったのか。

私はその原因を、「教育」の変化だと考える。

すでに述べたとおり、日本の学校では、かなり以前から、なるべく「競争」を避け、子供たちを「平等」に扱う風潮が続いてきた。だからこそ「手をつないでゴール」が「あり得る話」として全国に広まった。

学力テストの成績や、足の速さで順位をつけないだけではない。学芸会で劇を披露する際にも、ひとつの主役を、何人もの子供が演じたりする。ストーリーにお構いなく、舞台上に、シンデレラたちや桃太郎たちがずらりと並ぶ、あるいは場面ごとにシンデレラや桃太郎が入れ替わるという、誠に奇妙な光景がそこに見られる。「主役と脇役」という「差別」を嫌がり、みんなを平等に扱おうとする目的だが、そこまで徹底する必要が果たしてあるのか、大いに疑問でならない。

少し前の新聞報道で話題になったことだが、鳥取県の公立小学校では、二〇年ほど前から「学級委員長」を選出していなかったという。委員長になれない子供を差別することになる、という理由による。最近になって、鳥取市教育委員会の推奨により、うち一校で学級委員長の復活を決めた一件が、何とニュースになった。

　行き過ぎた「平等化」の反省から復活させたのだろうが、それが「珍事」だったからこそ、ニュースとして報道された。したがって、全体的には相《あい》も変わらず、学校内には、均質化を求める流れが続いていると見ていい。

友達のいる子が「いい子」で、友達がいない子は「劣った子」

「平等化」を目標に掲げ、あらゆる「差別」「競争」「比較」を避けてきたのが、いまの学校の姿である。通信簿も、かつての相対評価から絶対評価へと変わった。これでは、いかなる価値基準においても、子供を「褒《ほ》める」ことができない。

　唯一、教師が子供を手放しで「偉い」と褒められる側面がある。それは「友達が多い」点だ。「誰とでも仲良くできる」ことに関しては、ほかの子供と比較して評価しても、誰からも文句を言われない。

　平等化を推し進める流れの中で、学校側は、「友達を仲間はずれにしてはいけない」「いじめは良くない」という指導を重視してきた。そのために、「差別」の芽（と想定されるもの）を、ここまで徹底的に摘《つ》んできたのだ。

裏を返せば、これは「誰とでも仲良くしなさい」「友達をたくさん作りましょう」という目標となる。その結果、誰とでも分け隔《へだ》てなく仲良くできる「友達の多い子」が、教師にとっての「いい子」に昇格したのだ。

では、そんな学校の中で「ダメな子」の烙印《らくいん》を押されるのは、どんな子供か。

もはや、言うまでもない。勉強やスポーツが不得意でも「ほかの子より劣っている」評価を受けなくなったいま、「友達のいない子」だけが、相対的に低く評価される。

ただし、いつもひとりぼっちで過ごしている「友達のいない子」が、あからさまにダメな子として扱われるということではない。クラスにそんな子がいる場合、教師から指導を受けるのはその子自身ではなく、周囲のクラスメイトたちだ。「あの子と仲良くしてあげなきゃダメじゃないか」という形で、表面上、評価が下がるのは周りの生徒である。

しかし、そうやって「救いの手を差し伸べるべき弱者」として扱われること自体が、その子に対するマイナスの評価であることは明らかだ。たとえ勉強やスポーツができたとしても、友達のいない子は、教室内で一切褒められることがない。

こうした傾向が顕著《けんちょ》になったのは、八〇年代から九〇年代にかけてのことだった。学校であらゆる「差別」をなくし、「みんな仲良く」というスローガンを掲げた。

そのため、たくさん友達のいる生徒が「いい子」で、友達がいない生徒は「劣った子」という価値観が、学校に深く根付いてしまった。

結果として、新たな「差別」の構造――「友達のいない子」を、ほかよりも低く見る習性――が生まれたのは、皮肉としか言いようがない。

「新学力観」――何よりも、教師の前では「いい子」でいなければならない

新たな価値観が生まれる一方で、一九九二～九三年、文部科学省が導入した「新学力観」に基づく指導が始まったことも、大きな変化の一つだ。

新学力観とは、一九八九年改訂の学習指導要領に採用された学力観だ。「旧学力観」が、知識や技能を中心に評価していたのに対し、新学力観では、学習過程や変化への対応力の育成などを重視するのが大きな特徴になっている。

おもに子供の思考力や、問題解決能力を重んじるため、体験学習や問題解決学習の授業

が増やされた。評価面では、「関心・意欲・態度」や「技能」などが重視されるようになった。

これに伴い、内申書における客観的評価の比重が減り、教員の主観に基づく評価が大部分を占めることとなった。

つまり、子供たちは、「人からどう見られるか」について、より一層強く意識せざるを得ない状況に追いやられたのである。

かつての内申書は、教師にいくら嫌われていても、実力さえあれば、高い評価を得られる仕組みになっていた。少なくとも国語・数学・英語・理科・社会の主要教科に関しては、ペーパーテストの点数だけでほぼ評価が決まる。成績さえ良ければ、レベルの高い高校に進めたのだ。

主要教科で満点ばかり取るような秀才でも、各都道府県ナンバーワンの名門高校に進めないケースはあったが、そこに教師のその教科の内申点に主観が影響したことはない。内申点が不足する理由は、おもに体育や音楽の点数が低かったり、生徒会やクラブ活動への関わり方が消極的だったりすることだった。地域によっては内申点の占める割合が高いところや、場合によっては教師の主観に左右されることもあったが、それは少数派であり、

「好ましくない」という認識があった。かつては、それなりに客観的な評価基準が設けられていたのだ。

ところが「新学力観」に基づく内申書を見ると、ペーパーテストの成績が確実に評価全体に占める割合は、わずか25％。残りの75％はいわゆる他の「観点別評価」によるもの。そこには客観的な評価基準がない。学習や生活における「関心・意欲・態度・表現」などを、教師が主観的に判断して点数をつけている。

そうなると当然、子供は常に「教師にどう見られるか」を意識して行動するようになってしまう。授業中、積極的に手を挙げて発言したり、明るく社交的に振る舞ったりして、とにかく教師に好印象を与えなければ、内申書で高い評価をもらえない。内申点が低いと、受験の選択肢がぐっと狭まってしまう。

さらに、大学入試の変化もこの流れを後押しした。昔は入学試験の成績さえ良ければ、志望校に進めたが、いまはＡＯ入試（アドミッション・オフィス入試。志望理由や面接などによって、志望学生の個性・適正を評価し、学力を問うことなくペーパーテストをしないで合否を決める選抜方式）や、推薦入学のケースが以前よりもはるかに増えている。少子化による「大学全入時代」を迎え、大学側が学生数を確保するため、我先《われさき》にと青田買いに走るからだ。

〝人物評価〟だけで合否が決まってしまうのだから、教師に悪印象を与える「友達のいない子」は、ますます不利になる。

問題は、子供たちがそれまで以上に、自分の「見た目」を気にして生活するようになったことだ。

昔は、コミュニケーション能力が未熟なせいで孤立し、周りに煙たがられる一匹狼的な子供でも、勉強やスポーツ面で、高いパフォーマンスを見せれば、それで自信を持てたし、志望校にも進学できた。

ところがいま、要領よく生きていくためには、まず第一に、教師から見ての「いい子」にならなければならない。

「友達のいないダメな子」と教師に思われたら最後、それだけで摑めるはずだったチャンスを失ってしまう――実際はどうあれ、少なくとも子供たちの意識の中では、そんな不安が日々渦巻いているはずだ。

そういう教育環境下で十数年も過ごしていれば、大学や会社に入ってからも、「友達がいないと思われたくない」心理をずっと引きずってしまうのもしかたがない。

「ランチメイト症候群」や、その発展形とされる「便所飯」伝説は、このような学校教育が生んだ、ある種の「必然」である。

友達をつくらなければならない母親たち

子供に「友達」をめぐる不安を植えつけたのは、学校教育だけではない。当然のことながら、家庭教育の影響も大きい。

「友達が多い子＝いい子」という価値観が学校に根付くのに伴って、間違いなく、世の母親たちも同じ価値観を共有するようになった。

実際、いまの母親たちは、我が子が友達の輪に入れずにひとりぼっちでいたり、ちょっとでも仲間はずれにされたりする現場を見ると、それだけで、必要以上に強い不安を感じるようだ。

たとえば小学生がバスに乗って遠足に出かけるとき。みんなが二人ずつ並んで座っている中で、自分の子だけがいちばん後ろの座席にひとりで座っていたとしよう。生徒数が奇数なら、当然の流れだ。冷静に考えれば、とくに騒ぐことでもない。

しかし見送りに行った母親は、それを見た瞬間、ショックを受ける。自分の子が「クラスに溶け込めていない」「仲間はずれにされているのではないか」「いじめられているに違いない」などと、多大な不安に駆られるのだ。

「ウチの子だけが、ひとりで座ってるのよ！」と、その場で泣きながら夫に電話をする母親。そこまで過剰に反応してしまうほど、「友達をつくらなければいけない」というプレッシャーを強く感じているからだ。

そんなプレッシャーを表わす、もっとも象徴的な言葉が、「公園デビュー」だろう。

子供がよちよち歩きを始めて、屋外で遊ぶようになると、母親は近所の児童公園に子供を連れていく。公園には、それより前から遊んでいる母子たちのコミュニティが存在するので、上手に「デビュー」してその一員として認められなければならない。顔見知りに挨《あい》拶《さつ》するぐらいでは、ことは済まないのだ。

デビューに失敗し、ママ友から仲間はずれにされれば、公園はもちろんのこと、近所でも居場所がなくなってしまう。母親にとってはここが正念場だ。

自分がうまく「ママ友の輪」に入ることができても、まだ安心はできない。

自分たちが仲良くするのは当然のことで、同様に子供たちも、「子供たちの輪」にうまく溶け込み、喧嘩《けんか》することなく、仲良く遊ぶ義務がある。

母親は、いざ公園に来て、ママ友とそつなく会話しながらも、横目で「ウチの子はちゃんと仲間に入れてもらえているか」「よその子を叩いたりしていないか」と、ずっと目を光らせていなければならない。神経を酷使するばかりで、休まる瞬間はない。

実際、ちょっと子供がじゃれあった程度で、母親たちは、すごい剣幕で飛んでくる。だから、子供たちも、母親の顔色を窺《うかが》いながら遊んでいる。

親同士のみならず、子供同士で何かトラブルが起きたら、大問題に発展するからだ。問題がこじれれば最後、その公園には「出禁（出入り禁止）」となってしまう。

本来、公園は誰の所有物でもない。いちいち許可を得て入る場所ではないのに、こういった理由で出禁にされるなんて、まったく馬鹿げた話である。もちろんここまではひどくなくても、ただ仲間に入れてもらうためだけの理由で、神経をすりへらしている母親は少なくないだろう。

ここでも、「ランチメイト症候群」とまったく同じ逃避の傾向が見られる。自宅のすぐ近所に設備の整った公園があるのに、わざわざ車や電車に乗ってまで、遠くの公園に「出張」する親子や、公園で遊ぶこと自体を子供に禁止する親もいると聞く。

そもそも母親自身が「他人は他人、自分は自分。自分とウチの子だけが、楽しく遊べればいい」といった、〝自分〟なりの価値観を強く持っていれば、そこまで公園デビューにプレッシャーなど感じないはずだ。

「公園デビュー世代」が生んだ、「ランチメイト症候群世代」

子供を近所の公園で遊ばせる風景は、いまも昔も変わらない。マスコミで騒がれ始めたのは九〇年代以降で、それまでは「公園デビュー」という言葉はなかった。ちょうど、学校で「みんな仲良く」「友達をたくさん作ろう」という価値観が強まったのと軌《き》を一《いつ》にして、母親たちにとっての公園デビューが、ここまでの重大事になってしまった。

一因には、地域社会の崩壊や、核家族化が進んだ背景もある。昔の「新米ママ」は、一緒に暮らすおばあちゃんや、近所の「先輩」子育て経験者から、いろいろと教わっていた。しかし経験者からの情報がなかなか得られぬいま、どうやって子供を育てるべきかわからない。せめて近所の公園で、同年代の子供を持つ母親たちと仲良くしないと、育児に関する情報交換もままならないのだ。

ただ、育児情報を収集するのに躍起《やっき》になること自体は、いまに始まったことではない。「公園デビュー」が問題視されるよりも、はるか以前から、状況は変わっていない。

そうなるとやはり、「公園デビュー問題」は、子供も母親自身も「みんなと友達にならなければいけない」「誰とでもうまくつきあっていかねばならない」という強迫観念によるものだと考えていいだろう。

実際、近所に気の合う人間なんて、そうそういないだろう。苦手なママ友たちと無理してつきあい続けることによって、さまざまなトラブルが生じている。

最悪、苦手なママ友とは絶交する手があるが、子供同士が仲良しだと、それもままならない。

「あの子と遊んではいけません」と言って、「どうして?」と訊《き》かれると返す言葉がない。「ママが、遊んじゃいけないって」などと、相手の母親にバラされでもしたら始末に負えない。二重、三重の意味で苦しむこととなる。

ウチの子はみんなとうまくつきあえているのに、母親である自分ができないなんて――「自分は最低な人間だ、母親失格だ」と、すぐさま自己否定に走ってしまう。

かつて「嫁×姑《しゅうとめ》」の悩みが主であった、主婦向け雑誌の読者投稿欄は、その内容が一変した。ほとんどが「ママ友」との人間関係の悩みであふれている。

中には、そんな些細《ささい》なことで、そこまでネチネチと争うのかと、驚く告白も数多く見受けられる。しかし、悩んでいる当人たちにとっては、何よりも深刻であり、重大な事件なのだ。

そういった諍《いさか》いが高じて、本物の「事件」へと発展することもある。一九九九年、東京都・文京区で起きた幼女殺害事件、通称「お受験殺人」は、そのような背景から生まれた悲劇であるという説がある。事件の引き金となったのは、「ママ友との、ごく些細な行き違い」だったという。

そんな母親の心理を、子供は、何よりも敏感に察知する。「ランチメイト症候群」の人たちの大多数は、自身の母親が「公園デビュー世代」の走りだったのではないか。

彼らは、我が子、そして自分自身が、集団から仲間はずれにされることを極端に恐れる母親から、「友達がいない、あるいは、友達とうまくつきあえない人間は、劣っている」という価値観を、わずか二歳か三歳のころからずっと刷り込まれてきたのだ。

親たちが抱く、この過度な不安がさらに進むと、時には「モンスター・ペアレンツ」が誕生することもある。

学校側はトラブルを恐れて、モンスターの言いなりになり、いささか理不尽な意見も受け入れてしまう。それによって、意味のない「平等化」がさらに進む、といった悪循環が生まれるのだ。

そうやって、学校は、「友達が多いことが大事」という価値観のみに支配される場所となった。そんな環境の下で、常に教師の目を気にしながら過ごす子供たち。

学校でも家庭でも、四六時中このような生活を続けていれば、「友達がいない、ひとりぼっちの人間に見られたくない」意識がより強くなるのも至極当然のことだ。

「便所飯」現象が（大ブームであれ一部のことであれ）、ここまで信憑性《しんぴょうせい》をもって語られる背後には、こうした社会的プレッシャーが存在するのだ。

第2章

「スクールカースト」
——教室に「身分制度」が生まれた

本来、日本人は「和」を重んじない民族だった

世の中には、「反論しづらい、キレイゴトの正義」が存在する。

「誰とでも仲良くしよう」「友達をたくさん作ろう」も、それに含まれる。

もし、学校の教師に面と向かって、「友達を作ることを是《ぜ》とするなんて、そんな価値観は間違っている！」と堂々と抗議できる保護者がいたら、ぜひ会ってみたい。

ここまで本書を読んで、「その価値観のどこが問題なのか？」と、困惑している人もいると思う。日本人が「みんな仲良く」を大事にする風潮は、別にいまに始まったことではない。もともと日本は聖徳太子《しょうとくたいし》の時代から「和」を重んじる社会だとされている。「みんな仲良く」することに、何の疑問も違和感も抱かない人のほうが多いだろう。

他人と仲良くするのは決して悪いことではない。友達もいないよりはいたほうがいい。その価値観を否定すれば、「人間は周囲と軋轢《あつれき》を起こしながら、孤独に生きるべきだ」と主張することになる。ひねくれ者の哲学者なら賛同するかもしれないが、多くの共感を得られる意見ではない。もちろん、私は、そんな指摘をしているのではない。

いまの学校が教える「みんな仲良く」主義は、常に「競争を否定する価値観」とワンセ

ットとなっている。そこを重視しないことには、問題点が浮かび上がってこない。

「みんな仲良く」には反論しづらいが、「競争はやめましょう」という価値観は、決して「反論しづらい正義」ではない。「手をつないでゴール」の（たとえ都市伝説であったにせよ）大多数が、批判的に語られる例でもおわかりのとおり、そこには、大いに議論の余地があるのだ。

私には、「みんな仲良く」を実現するために、勉強やスポーツなどの能力で順位をつけず、何から何まで平等に扱うのが「正しい」とはまったく思えない。

元来、日本人は「和」を重んじるどころか、むしろ競争を好む民族だ。

たしかに聖徳太子は、「十七条憲法」の冒頭に「和を以《もっ》て貴《とうと》しと為《な》し、忤《さから》ふること無きを宗《むね》とせよ」という教えを置いた。だがこれは、日本人に生まれつき備わっている「美点」を、殊更《ことさら》に強調して述べたわけではない。

もしそれが日本人特有の美点だったならば、わざわざ憲法で「こうしなさい」と命じる必要もなかったはずだ。黙って放っておけば、めいめいが勝手に「和」を重んじて、仲良く行動していたのではないか。

実際には、違っていた。放っておくと、お互いに足を引っ張り合ったり、他人を出し抜いたり、抜け駆けを企《たくら》んだり、派閥《はばつ》をこしらえ、いがみ合う――日本人にはそういう競争的な性質があった。あえて「和」の大切さを唱える必要に迫られていた。

だからこそ、聖徳太子は声を大にして、「和を以て貴しと為す」と、そこに宣言しなければならなかったのではないだろうか。

群れるのを嫌う「一匹狼」への、密やかな憧れ

日本人には、集団で群れたがる傾向が確実にある。しかしその一方、集団の内部では、ライバルを蹴落《けお》としながら激しい出世競争を繰り広げているのも事実だ。そちらの姿にこそ、実は日本人の本質が表われている。

アメリカ人の場合、「個人主義」を重んじているように見られがちだが、実は集団内での仲間意識が殊のほか強い。たとえば、自動車工場の中で、お互いにファーストネームで呼び合いながら、大部分が「ずっと工員のままでも、それで食べていけるんだからいいじゃないか」と思っている。そこに、仲間内での勝ち負けを気にする競争意識はほとんど見られない。しかし日本人の場合、どんな小規模な工場の中でも、内心では「あいつより出

世したい」と、競争意識を強く持つ人が大半だった。

かつて受験競争が激しかった時代には、学校内でも、「友達を蹴落としてでも、自分だけは志望校に合格したい」というメンタリティを持つ人間が大勢いた。

実のところ、仲間同士で助け合って情報交換をしたほうが受験に有利である。だからこそ、多数の東大合格者を出す進学校の生徒同士は、実は意外とみんな仲が良かったりするのだが、それはあくまでも結果論だ。「合格のためのテクニック」の一種として協力し合っている側面もある。内心では多くの受験生が「他人を蹴落としてでも自分だけは」と願い、その闘争心をもって、辛い受験勉強を耐え忍んだ。

また、この「日本人は群れるのが好き」という共通認識を、「いい傾向だ」と感じる日本人も少ないだろう。多くが、「群れでしか行動できないなんて格好悪い」と批判的に見る。群れからはぐれて、仲間ともたれ合うことなく「一匹狼」として行動する人間に憧れる人のほうが、断然多いはずだ。

「一匹狼」がカッコいい理由は、群れ、すなわち周りの助けを頼らずに、自分ひとりで生きていけるだけの「実力」を持っているから。無理に「みんなと仲良く」するまでもない。誰もが認める高い能力を駆使して、仕事で優れたパフォーマンスを見せていれば、それだけで周囲から評価される。

中には、極度に協調性に欠ける「一匹狼」もいるが、その場合は往々にして周囲の好き嫌いが分かれる。「オレ流」で有名な、前中日ドラゴンズ監督の落合博満《おちあいひろみつ》氏はその代表格とも言えるだろう。現役選手としても監督としても、仕事面では、継続して高いパフォーマンスを見せる彼だが、その場の「和」を乱すような発言や態度で、嫌われる側面もある。

しかし落合前監督のような人物に憧れる人は多い。結果さえ出していれば（好き嫌いは別にして）高く評価される。

日本は、本質的に競争を嫌う社会ではないことが、これでおわかりだろう。

「和」を重んじ、競争を否定する社会の中では、落合氏が「監督」、つまり組織のリーダーであるポジションを与えられることなど有り得ないからだ。

なぜ女性のほうが「友達がいる」と見せたがるのか

日本人は、元来「和」を好む民族ではない。むしろ、「もうちょっと仲良くしなさい」と押さえつけておかないと、集団がバラバラになってしまうくらい、競争的な性質を持つ。これが日本人の真の姿だった。

では、学校で「みんな仲良く」「友達をたくさん作ろう」と教育することは間違っていない――と思われるかもしれないが、それは早計だ。明らかな間違いである。

「仲良くすること」が有効なのは、誰もが「他人を蹴落としてでも」という競争心に駆り立てられている場合に限っての話だ。生徒全員が受験戦争に血眼《ちまなこ》になっていた時代であれば、「もっと仲良くしなさい」という教育にも意味があった。

しかし九〇年代以降の学校では、そもそも競争自体が存在しないかのごとく見なされている。勉強でもスポーツでも順位がつかない。能力が高くても「あいつより、キミのほうがすごい」と相対的に評価されることが皆無だから、子供は「他人を蹴落としてでも、自分が勝ちたい」気持ちや意欲を持てなくなる。

もし、本音の部分ではそう思っていたとしても、他人と能力を比較して優劣をつけるのは「差別」だと教えられている以上、つい競争的な気持ちになってしまった自分を、今度は「悪い子」だと思って否定してしまう。

それ以前に（詳しくは次の章で述べるが）、いまは「本音」を持てない子供が大勢いる。「持たない」のではなく、「持つことができない」のだ。そのため、「能力で差別してはいけない」という建前だけが独り歩きし、行動の規範となりやすい。

そんな状況下で「誰とでも仲良く」教育を行なってきた結果、「友達が多い＝いい子」という価値観が蔓延してしまった。

勉強やスポーツや仕事で、いくら高い能力やパフォーマンスを見せようが、それは「いい子」の条件ではない。

もはや、群れを嫌う「一匹狼」に憧れる文化は成立しない。成績が良くても、仕事ができても、仲のいい友達がいなければ、即、欠陥品と見なされてしまう。これが、いまの若い世代が、「個人の能力」ではなく「他者からの人気」を重視するようになった元凶だ。彼らの認識では、「ダメ人間」とは、「仕事のできない人間」ではなく「周囲からの人気がない人間」となる。

だから自分は「一匹狼」ではなく、「人気者」だと見せたい。

男性の場合、エリート層に限っていえば、競争を厭《いと》わない文化がまだ残っている。そのため、「仕事さえできれば尊敬される」という思いで、一匹狼的な生き方に憧れる若者は、わずかだがまだ存在する。

男性にはまた、「オタクを究《きわ》める」道も残されている。そもそも周囲の目を気にしない上に、自分の好きな世界に没頭《ぼっとう》していれば満足するオタクは、単独行動が常で、周囲に「友達のいない奴」と思われたところで、まったく気にならない。気にするのはあくまでも興味のある「対象物」のみだからだ。

しかし女性の場合、たとえエリート層であっても、男性ほど競争的な姿をさらけ出すことは難しい。いくら仕事のできる女性でも、「自分は一匹狼でいい」とはなかなか思えない。それなりに「人気」があるように見せないと、不安を感じる。

女性にも「オタク」はいるが、男性とは違い、こちらはあまり単独行動をとらない。たいがい、二～三人でつるんでいる。これには理由がある。他人とつるめる「オタク」は、「真正《しんせい》」オタクではなく、友達と話を合わせるために、無理して「オタ」ぶっているだけだからだ。オタク度が高い女性ほど、他人に退《ひ》かれるのではないかという意識が働き、「自分はオタク」だとなかなかカミングアウトできないのが、女性の心理。そこが女オタクの辛いところだ。

こういった側面からもおわかりのとおり、現在の社会では、「友達がいるように思われないとまずい」という心理は、女性のほうが強い。

「友達が多い子が、すなわちいい子」という価値観がもたらした不適応が、まず女性たちのあいだに、ランチメイト症候群という形として現われ、広まったのも頷《うなず》ける。

コミュニケーション能力の有無で、クラスでの「序列」が固定化される

勉学やスポーツの能力を磨き、「できる奴」になるよりも、友達の多い「人気者」でありたいと願うこの風潮は、学校における「いじめ」のあり方をも激変させた。

学校内「競争」がオープンだった時代では、基本的に、あらゆる点で能力の劣る「できない子」がいじめのターゲットとされた。成績が悪い子、スポーツの苦手な子、ケンカの弱い子、不潔な子などがクラスで低いポジションに置かれ、暴力を振るわれ、持ち物を隠されるなどの嫌がらせを受けていた。

競争を否定し、順位をつけない平等化教育が推《お》し進められた結果、その種のいじめはすっかり鳴りを潜《ひそ》めた。もともと「いじめ防止」教育のために「みんな仲良く」と言い始めた側面もあるから、その意味では平等化が成功したと言えなくもない。

しかし、いじめ自体は、依然としてなくなっていない。

むしろ、クラスにおける生徒間の序列化は、以前よりも明確かつ強固となった。

子供たちのあいだに、「スクールカースト」と呼ばれる階層構造が定着したのだ。これは、まさにインドのカースト制に似たもので、いったん「身分」が定まってしまうと最後、そう簡単には抜け出せない。

かつてのいじめられっ子なら、必死に努力して、勉強やスポーツのパフォーマンスを上げれば、一発逆転が可能だった。いくら成績が振るわなかった子でも、運動会の徒競走で一番でゴールすれば、瞬時に英雄となれたものだ。

だが、スクールカーストでは、競争の勝ち負けとは一切関係なく、上下関係が決まる。努力で挽回《ばんかい》できる余地がないのだ。

ではその「序列」は、何によって決定されるのか。

その実態を詳しく観察した教育評論家の森口朗氏の著書『いじめの構造』（新潮新書）によると、〈スクールカーストを決定する最大要因は「コミュニケーション能力」だと考えられ〉ており、それは〈「自己主張力」「共感力」「同調力」の三次元マトリクスで決定される〉という。

自分の「キャラ」をうまくアピールし、相手と話を合わせ、空気を読んで行動するなど、人づきあいの上手な社交的な子供ほど、上位のカーストに位置するという定義だ。

能力といえば能力の一種だが、これは学力や運動能力や腕力と違い、努力や訓練によって向上するものではない。要は、誰とでも仲良く振る舞える「人気者」ほど、上位に立てるということだ。人気なんて、あくまでも周囲の評価によって決まるものだから、本人の努力だけでは、どうしようもないのだ。

「仲間はずれ」型のいじめは誰にも相談できない

スクールカーストによる序列が、すなわち「人気者ランキング」であることは、各階層の呼称を見ても明らかである。

上から順に、「一軍」もしくは「イケメン」、「二軍」もしくは「フツメン」、そして「三軍」もしくは「キモメン」という。

一軍（イケメン）は、放っておいても周りに友達が集まってくるタイプの、正真正銘の「人気者」。話が面白くて、リーダーシップもある。

その下に位置する二軍（フツメン）は、いつも一軍の周囲で行動している「その他大勢」的な存在だと見ればいい。人数的には、この階層がクラスの多数を占める主要メンバーだ。ここから一軍に上がるのは困難を極めるが、周りと調子を合わせて同じゲームやテレビ番組の話題で盛り上がってさえいれば、仲間はずれにされることは、まずない。

いじめの対象になるのは、その下の三軍（キモメン）だ。コミュニケーションや社交が下手なので人気がなく、友達もいない。だからクラスの輪からはずされてしまう。

いまの学校では「輪に入れてもらえない」こと自体が「いじめ」となる。森口氏も『いじめの構造』の中で、現在は暴力型や犯罪型のいじめが減少し、「仲間に入れない」型でのいじめが主流派だと述べている。

三軍の中には、「オタク」と呼ばれ、「キモメン」とは区別される一群もいる。こちらは仲間はずれにされても平気な「我が道を行くタイプ」。孤立していても趣味の道を追究できる。しかしそれ以外の子供にとって、やはり仲間はずれは辛い。「友達がいない」現実は、とくにいまの子供にとって、もっとも惨《みじ》めなことだからだ。

また三軍には、勉強のできる子や、腕っぷしの強い子もいる。しかし、他人よりも優れた取《と》り柄《え》があったとしても、とにかく人気がなければ自分のステージは上がらず、自尊心が満たされない。

加えて、いじめられている現状を、容易に親や教師に訴えることができなくなったのも、昔のいじめと大きく違う点だ。

暴力型や犯罪型のいじめは、「殴られた」「お金や物を盗られた」など、いずれも被害状況が目に見えるため、訴えやすかった（もちろん、それができずに自殺する子もいるが、圧倒的な少数派だろう）。いまの時代なら、すぐに「モンスター・ペアレンツ」の出番となるだろう。昔の親なら、子供がケンカに負けて泣いて帰ってくると、「やり返すまで帰ってくるな！」と家に入れなかったりしたものだが、いまは親が自ら抗議行動を起こす。日本という国は、ある時期から「被害者の権利」を以前よりも重視する社会になった。加害者は、激しい非難や厳罰を覚悟しなければならない。それも、暴力型や犯罪型のいじめが鳴りを潜めた一因ではないだろうか。

一方、「仲間はずれ」型のいじめは目に見えないので、被害の証拠が残らない。何しろ、いじめる側は相手に対して「何も手を出していない」のだ。具体的な説明が何もできない。「無視された」被害を訴えても、「お前の勝手な妄想だろう」などと言われ、煙に巻かれてしまうのだ。

これも森口氏の観察に基づく指摘だが、もし親や教師に「自分はいじめられている」と訴えれば、本人自ら「ボクは三軍のキモメンで友達がいない」、つまり「人気のない悪い子」だと、自己申告することにもなる。自らそう告白するほど惨めなことはない。スクールカーストによるいじめは誰にも相談できない。こうして、問題は闇から闇へと葬り去られることになるのだ。

いまのいじめの根底に流れる「村八分《むらはちぶ》」意識

スクールカースト型のいじめは、日本人にとっては、実はさほど目新しくもない。本書で初めて「スクールカースト」という言葉を知った人でも、いまの学校内にある「仲間はずれ」の実態については、容易《たやす》く想像できると思う。それは、スクールカースト型のいじめに、日本人の深層心理に馴染《なじ》む部分があるからだ。

日本の社会には、大昔から「村八分」という文化があった。いまさら説明するまでもないが、村の掟《おきて》に背いたり、秩序を乱したりすると、制裁措置《せいさいそち》として（葬式と火事以外は）関係を絶たれてしまう。

江戸時代の話だと思う人もいるだろうが、そんなことはない。ほんの数年前（つまり二十一世紀になってから）、新潟県のある村で、地元の行事に協力しなかった村民を、地元の有力者が村八分にし、ゴミ収集箱の使用などを禁じたことで、訴訟にまで発展した騒動が起きた。決して昔話ではないのだ。

余談ながら、若者言葉「ハブにする」、すなわち仲間はずれにするという言葉の語源のひとつは、まさしくこの村八分（『日本俗語大辞典』東京堂出版より）だそうだ。

村八分とまではいかなくても、どんな小さな集団でも、「和」を乱す人間を排斥《はいせき》する傾向は見られる。日本の社会で仲間はずれにされやすいのは、共同体でのルールやマナーを守れない人など、周囲とうまく同調できない人間だ。卑近《ひきん》な例でいえば、空気が読めず、失礼な発言が目立つ人や、自分勝手な人を次から飲み会には誘わないケースなど、日常茶飯事である。

その意味においては、もともと日本の社会には、「みんな仲良く」式の教育が浸透しやすい土壌があった。

昔の学校でも、「みんな仲良くしよう」と教えていたが、同時にその一方で、子供たちには競争意識を持たせていた。誰でも、トップの成績を取れば確実に先生に褒められたし、速く走った子は運動会で拍手喝采《かっさい》を浴びた。誰でも平等に、頑張って結果を出せば、晴れがましい気分を味わうことができたのだ。

いまやそれが全否定された。「みんな仲良く」の価値観だけが独り歩きし、あまりにも極端な形で前面に押し出されている。こうしてスクールカーストという序列が生まれ、子供たちのあいだには「村八分」に通じるタイプのいじめが急速に広まったのだ。

「我が道を行く」タイプの人間が多く住む地域の特徴とは？

かといって、日本の社会は、隅から隅まで全面的に村八分的な文化に覆《おお》われているわけでもない。前述したとおり、能力の高い一匹狼が持て囃《はや》される文化もある。また、地域によっては、村八分が制裁としての意味を持たないところも存在する。

「村八分」制裁が機能するのは、村人たちが互いの協力なしでは生活できない場所のみである。「仕事のできる一匹狼」が、他人の助けを借りることなく、ひとりで生きていける環境下では、村八分にしたところで意味がない。「村十分」だとしても、掟破りに対する抑止力にはならない。

つまり、その共同体から「逃げられる」場合は、仲間はずれを恐れる必要はない。向こうが関係を絶つのなら、群れから離れて生きていくまでだ。

協力し合って田畑を耕しながら生計を立てる農村では、誰もが群れにしがみつく。農耕中心であったこの国特有の村八分制裁だが、同じ日本でも、沿岸部の漁師町では、やや事情が違う。どの地方でも、内陸部と沿岸部では住民の気質に差が見られる。

福島県を例に挙げると、広大な面積も影響して、一様の県民性を持たない。地元の人に言わせると、福島は「会津《あいづ》」「中通り」「浜通り」の三地域に分かれ、それぞれがまったく違う文化を持っているそうだ。とりわけ違うのが沿岸部の「浜通り」。ほかの地域に比べて、住民同士の協調性が極めて低いという。要するに、「我が道を行く」人が多いのだ。

これは、福島県だけに見られる傾向ではない。海に近い町なら、田畑を耕さなくても食っていく道がある。「食い詰めたら漁師になればいい」と割り切って考えられるから、村八分も怖くないのだ。

沿岸部の町ほど「選挙がやりづらい」といわれる。政治家が集票に苦しむようだ。それも「一人でも勝手に生きていける」風土によるものである。

私は以前、茨城県の水戸市に住んでいた。ちょっと足を延ばして、海沿いの町へ行くと、選挙事情はずいぶん違っていた。また、茨城県のすぐ南に位置する千葉県でも、中選挙区時代にハマコーこと浜田幸一《はまだこういち》氏が地盤にしていた、旧千葉県第三区（勝浦《かつうら》市、館山《たてやま》市、木更津《きさらづ》市など）は、集票の難しい選挙区として有名だった。

東北地方の山奥の農村のように、村八分制裁の効き目が高い地域は、昔からの名主《みょうしゅ》や地主など、地元の有力者が強い指導力を持つ。彼らが住民の票を束ねてくれるから、候補者は、その有力者本人に、直《じか》に働きかけて支持を取り付けてさえしまえば、ある程度の「票読み」が可能だ。

しかし「我が道を行く」タイプの住民の多い地域では、そうはいかない。有力者が票を束ねようと思っても、みんな平気で「造反《ぞうはん》」するから安心できない。

したがって候補者は、有権者ひとりひとりから確実に支持を得る努力を、ひたすら重ねることになる。それだけ、手間も経費も時間も余計にかかってしまう。昔は、個人に直接お金を配るなどといったことが珍しくなかった。だから選挙違反行為が発覚することが多かったようだ。

スクールカースト型のいじめが起こりやすい地域・起こりにくい地域の明らかな違い

日本人が「群れ」に依存したがるのは、生来の気質ではないとすでに述べた。

このように「我が道を行く」地域も少なからず存在する。地域住民の協調性が高まるか、そうならないかは、それぞれが置かれた生活環境に左右されるからだ。

同様に、スクールカースト型のいじめも、起こりやすい地域と起こりにくい地域とがある。そのクラスで仲間はずれにされると生きていく場所がない、つまり「逃げる」ことのできない環境だと、よりスクールカースト化が進む。

逆に、多くの生徒が学習塾に通っているような地域では、スクールカーストが、その存在意義を持たない。学校のクラスで「人気者」になれず、ハブにされる子供でも、塾に行けば違う環境の下で、勉強面で「他人より高いポジション」に立てる可能性がある。塾に「逃げられる」と言い換えてもいい。村八分にされて、「じゃあ、百姓やめて、漁師になろう」と考える沿岸部の住民のように、学校で仲間はずれにされたら「よし、塾で頑張ろう」と、気持ちを切り替えることができるのだ。

小学生の塾通いが当たり前の地域なら、中学受験が「当たり前」。東京の世田谷区や渋谷区あたりの小学校では、中学入試の実施される当日、六年生のほとんどが欠席するそうだ。閑散とした教室の風景が、彼らにとっての「学校」を象徴しているともいえるだろう（そのためいまは、学校そのものが休みになっているそうだ）。

そういった地域の子供たちは、どうせ中学ではみんなバラバラになると知っているから、そもそも学校のクラスへの帰属意識が低い。クラスで仲間はずれになろうが何されようが、大したダメージではないのだ。

一方、塾に通う習慣がなく、中学受験もあまり盛んではない地域では、小学校のクラスメイトがほとんどそのまま地元の中学校に持ち上がる。人間関係がその範囲で閉じているから、いつまでたっても、そこから逃げることができない。そういう地域では、当然、スクールカーストの固定化が進み、仲間はずれによる心理的ダメージも大きくなる。

「逃げられない」環境が、スクールカースト化を助長する

地方自治体の中には、公立中学校が選択制をとる地域が存在する。その場合なら、中学受験をしなくても、小学校を卒業した時点で、ある程度は人間関係を「清算」できる。小学校で仲間はずれにされていた子供は、知った生徒の少ない中学を選び、その集団から逃げることで、「リセット」が可能だ。

しかしこの学校選択制の目的は、中学校同士を「競争」させることでレベルアップを促《うなが》

し、結果として学校の序列化を進めることだ。実際、平等化志向の強い現在の日本では、反発を招きやすい。結局、高校への進学実績の高い中学校に優秀な生徒が集中することとなり、学校間格差がますます広がるから、不平等だという意見も根強い。

その理由で、非選択制に戻した自治体もある。となると、「リセット」できなくなる。もともと、子供同士の「競争」を否定する平等主義から発生したのがスクールカーストだ。学校同士の「競争」を否定して格差をなくすこともまた、スクールカースト型のいじめを助長している。

逃げられない状況ほど、いじめが起きやすい。これは常識で考えても、ごく当たり前のことだ。戦前の軍隊を見てみるがいい。人間は、閉鎖的な集団の中で、逃げられないと気づくと、集団内での仲間はずれを恐れ、同調圧力が高まる。

スクールカースト現象は、人間関係が狭い範囲で、閉じたものになりやすい地方ほど頻出する。都市部の子供たちは、塾だけでなく、習い事の選択肢も豊富にあるので、学校外での「別個の」人間関係を作りやすい。探せばどこかに必ず逃げ場があるのだ。

そのかわり、地方の場合、都市部よりも保護者同士のつながりが濃いので、その面では都市部よりも、いじめ問題の解決能力が高い側面もある。

しかし、それは、「三軍」に落とされた子供自身が、親に悩みを打ち明けることが前提条件となる。前述のとおり、スクールカースト型のいじめは「被害者」が名乗り出にくいのが特徴。よって、親の助けにも期待できない。

「一軍の座」から転げ落ちた社会人が、這《は》い上がれない理由とは

スクールカースト型の差別は、ただでさえ「仲間はずれ」での強い孤独感を味わう上に、「友達のいないダメな子」のレッテルまで貼られてしまう。いじめられる当人にとっては二重の苦しみだ。勉強やスポーツでいくら努力したところで、周囲からの評価は得られず、挽回も不可能。従来の暴力型・犯罪型のいじめよりも苛酷《かこく》かつ残酷とさえ言ってもよい。

さらに長い目で見れば、スクールカーストの「被害者」は、いままさに、仲間はずれにされている三軍だけに留まらない。

クラスの大多数を占める二軍は、日々「三軍にだけは落ちたくない」と怯《おび》えながら暮らしているうちに、ついつい自分の「人気」や「周囲の目」ばかり気にする習慣がついてし

まう。

「ランチメイト症候群」や「便所飯」現象は、そんな子供たちが辿《たど》り着く「末路《まつろ》」のひとつだ。彼らは大人になっても、「友達のいない人間はいじめられている」という価値観から抜け出せないままなのである。

そこまで極端な「症状」を見せる者は少数派かもしれない。しかし多少なりとも、この価値観に浸《ひた》り続けるのは、本人にとって、デメリットのほうが多すぎる。

いざ社会に出れば、「友達がいるか、何人いるか」ではなく、「仕事がどの程度できるか」で評価される場面が圧倒的だ。「人気」の面では二軍だとしても、「能力」面で三軍扱いされていては、社会人としての適応者とはいえない。

それだけではない。スクールカーストの頂点で、気分良く過ごしていたはずの、一軍の「イケメン」たちも、まったく同じリスクを抱えている。

一軍の場合、コミュニケーション能力や社交能力が高いので、社会人としてもそれなりにうまく生きていける。だが、スクールカーストにおける「人気」なんて、しょせんは実力面での裏付けのない表面的なものに過ぎない。「人気者であれば、それで充分」と油断していると、いつどこで化けの皮をはがされて、二軍、三軍に転落するかわからない。

芸能人の栄枯盛衰《えいこせいすい》の有様や、世論調査による民主党内閣支持率の暴落後の、現在の安倍政権の人気の暴騰を見てもわかるとおり、周囲の人々が決める「人気」は、実に移ろいやすいものだ。つい昨日まで、万人からチヤホヤされていた人気者が、一夜明けた今日から世間の激しいバッシングを受け、罵倒《ばとう》されている——というケースは、枚挙《まいきょ》に遑《いとま》がない。

一軍の座から転げ落ちた瞬間、本人の中に「いや、それでも、自分という人間にはこういう値打ちがある」と、自身を評価できる価値基準がもしあれば、精神的なダメージを最小限に食い止めることができる。

しかし大半の「イケメン」は、周囲の評価だけに頼って「人気」を維持してきた。そのポジションは、自身の努力によって勝ち取ったものではない。したがって、周囲から見放されたら最後、自信を保つ根拠を、一瞬にしてすべて失う。そのため、「突如、人気をなくした一軍」は、ちょっとやそっとでは立ち直れないほどの、大打撃を受ける。

自らの評価は、自身の努力によって決まる——そう肝に銘じている人間なら、周囲からの評価が下がった場合、「自分に何が足りなかったのか？」と内省《ないせい》的になり、自問自答する。何事も「自分のせい」と考えるから、未熟な部分をさらなる努力で補《おぎな》い、下がった評価を挽回しようと、前向きな思考を持って行動する。それを続けていれば、次第に周りも認めてくれるものだ。

しかし、「周囲が判断する人気」のみが自信の根拠だった人間は、そういう思考回路にはいたらない。自分の立場が悪くなった局面では、すべてを「人のせい」にしてしまうからだ。「自分は悪くない、そう考える周りが悪い。とくにあいつだ」という理屈である。

その気持ちは、他者への攻撃となって現われる。周囲に対して過激な言動を取り始め、ますます人気が落ちるという悪循環に陥《おちい》る。これではいつまでたっても、下がった評価を挽回するなど不可能だ。

目的や課題のないグループほど、集団心理に流されてしまう

スクールカースト的な人間関係は、子供の心理的な発達過程に明らかに悪影響を及ぼす。もはや、単に「いじめはよくない」というレベルの話ではない。

日本にはもともとそういう土壌があるからといって、諦《あきら》めて放置すべき問題ではない。同じ日本でも「村八分」制裁が通用しないケースが多々ある。

だから、学校を「脱スクールカースト化」する方法は必ずある。

そのためには、まず、子供たちが集団心理に支配されないような方策を講じるべきだ。集団心理とは、要は「周りの空気に流される」こと。別の言い方をすれば、それぞれの個人が、「自分の頭で物事の是非を判断していない状態」だ。まだ「個」が確立していない子供は、大人よりも集団心理に支配されやすいものだ。

集団心理に関しては、イギリスの精神分析家ウィルフレッド・ビオン（一八九七―一九七九年）の理論が参考になる。その基本は、集団に属する個人の心理状態は、その集団自体が持つ意識や無意識と切り離せないというもの。個人の中に意識と無意識とがあるのと同様、集団にも意識と無意識の領域があるとビオンは考えた。

ビオンによると、人間が集団（グループ）を作ったとき、必ずそのどちらかが表われるという。まず「意識」に相当する「作業グループ」がある。これは集団に与えられた課題を遂行しようとするもの。「意識」しなければ「作業」はできないから、イメージがしやすいだろう。

一方、「無意識」に相当するのは「基底想定《きていそうてい》グループ」と呼ばれるもの。やや馴染みにくい言葉だが、「集団心理」という言葉から真っ先に連想されるのがこれだ。人間がグループ内に置かれることで生じる「不安」に対処するために、集団全体が、ある一定のパターンで行動を起こす現象である。

集団は、課題を与えられないと、「作業グループ」として機能できなくなる。課題がないから、そこには目的も生まれない。だから作業をする必要がない。作業をしなくなると顕著《けんちょ》になるのが、「基底想定グループ」現象だという。

つまり「目的」のない集団ほど、各々のメンバーが不安を抱く。それを解消するために「周りの空気に流される」という理論だ。

スケープゴートを叩き、スクールカーストを形成する集団とは

「基底想定グループ」の中には、さらに三つのパターンがある。

ひとつは「依存グループ」。カリスマ的な強いリーダーの登場を待望し、そのリーダーにすべてを委《ゆだ》ねることで、不安から逃れようとするパターンだ。「自民党をぶっ潰す！」と叫ぶ小泉純一郎《こいずみじゅんいちろう》首相に、拍手喝采を送っていた当時の日本が、この状態だった。今のアベノミクス人気もこれに相当するだろう。

二つめは、「つがいグループ」。集団が、「カリスマ的なリーダー」ではなく「幸福なカ

ップル（つがい）」を待つパターンだ。皇族や大物芸能人の結婚で世間が盛り上がるといった現象が、これに当てはまる。そこには、そのカップルが、自分たちに将来への希望を与えてくれるのではないかという期待感が込められている。

三つめが「闘争‐逃避グループ」。これは、集団の中で、共通の「敵」を想定することで、一体感を高めようとするパターンである。一斉に敵を叩けば「闘争」、敵から逃げれば「逃避」で、いずれもグループは結束した状態だ。常に「外敵」を想定することで、国民全体をまとめようとしているアメリカ国家がいい例である。

この「闘争‐逃避グループ」の矛先《ほこさき》が、集団の内部に向けられる場合もある。メンバーの一部をスケープゴートにし、叩いたり排除したりすることで、それ以外のメンバーが、よりまとまっていく。小さな集団でいえば、まずは、連合赤軍メンバーのことを思い出してほしい（一九七一〜七二年にかけて、同志一二人を「総括」と称して次々に殺害。その後も、オウム真理教内での集団リンチなど、スケープゴートを排除する行為は、最終的に当事者が死ぬまで、その手を休めることがない。

もっと大きな集団、つまり日本全国で見れば、たとえばボクシングの亀田《かめだ》親子、大相撲の元横綱・朝青龍《あさしょうりゅう》、あるいは小沢一郎氏などが「仮想敵」にされた。テレビのワイドシヨーは、連日のように新しいスケープゴートを探しては、それを執拗にバッシングし続ける。本人たちにしてみれば、たまったものじゃない。

「闘争－逃避グループ」の形成は、古今東西の為政者《いせいしゃ》たちが、国内をまとめるための常《じょう》套手段《とうしゅだん》にしてきた手口である。マイノリティを差別することによって、全体がひとつにまとまったような幻想を抱かせることができるのだ。

ここまでくれば、もうおわかりだろう。スクールカーストを形成しているクラスは、紛《まご》う方《かた》なく「闘争－逃避グループ」だ。集団（クラス）内の不安や不満を解消するために、「三軍」「キモメン」という共通の「敵」を作り、クラスからそれを排除するという構図である。

いったん敵と見なされたら最後、排除行為は延々と続く。いじめを間近で見ているから、一軍・二軍は、「三軍降格の恐怖」に苛《さいな》まれ、ビクビクしながら、学校生活を送る。いじめを見かねて、「もう、そのへんで止めようよ」などと発言しようものなら、その瞬間に三軍落ちし、いじめる側が、いじめられる側になってしまう。

三軍は、ずっといじめられるまま。助ける者も現われない。いじめを苦にして自殺をするというのも、こう考えれば理解できる。

順位をつけるほうが、子供には幸せだ

故意に差別を誘導する為政者とは違って、スクールカースト型のいじめは、教師やクラスのリーダーが意図的に仕組むものではない。しかし先述のとおり、課題を与えられず目的のない集団、すなわちいまの「学校のクラス」は、自然の成り行きとして「基底想定グループ」へと傾きやすい。

子供同士の競争を否定していては、個々の課題や目的を強く意識させることはできない。勉強やスポーツなど、目的の明確な「作業」では、自分と他人とを比較できないからだ。そんな学校のクラス内で、子供たちは自分のポジションを摑むことができず、不安でたまらない。何かで他人と比較しないと、「自信」を保つことができなくなる。

そこで、スケープゴートの登場だ。自分より下位の人間を作り、それを見て「ボクはあの子とは違う。ごく一般的な人間なんだ」と安堵する。

まことに皮肉な展開だ。いじめや差別を助長する元凶は、競争による子供の序列化だと決めつけ、学校は平等化を推し進めてきた。しかし実は、競争によってはっきりとした序列をつけたほうが、子供たちは自分独自のポジション、立ち位置を理解するので、集団心

理に支配されにくいのだ。つまり、スケープゴートを求めるような「闘争－逃避グループ」になることはなかった。

もはや、スクールカースト型のいじめに、平等化教育によって促された面があることは否定できない。それはそうだろう。相対評価をやめて成績も発表せず、運動会の順位もあやふやにし、学芸会では主役はおろか、脇役すら定めない――といったさまざまな形で、個々のアイデンティティを奪われた子供たちは、集団心理に支配される以外、進む道がなかったのだ。

そういう側面を考慮せず、「順位をつけると下位の子供が可哀想だ」という大人の勝手な思い込みだけで競争を否定した結果、このスクールカーストという名の「人気の序列」を生んだ。自分の努力次第でランクアップできる序列と、他人が決める（しかも固定化され、挽回できない）序列と、一体どちらがマシだろうか――言うまでもない。

これは私の考えだが、愛知県や富山県の小中学校では、比較的、スクールカースト的な現象は起こりにくいのではないだろうか。どちらも、他県と比べると、競争事をあまり否定しない文化があるからだ。

愛知県の学校は校則が厳しいことで有名で、「管理教育」というイメージが強い。「愛知県の教育方法は最低だ」「子供の個性を殺す」などと悪口を言う人もいるが、実際には、面白くて個性的な人材をたくさん生んでいる。公立高校からも東大や京大に大勢の合格者を出している。イチロー選手や浅田真央《あさだまお》選手を輩出したことからも、スポーツの分野も盛んであることがわかる。

富山県は、一般的にはのんびりしたイメージかもしれないが、実はかなり競争を煽《あお》る風土がある。高岡《たかおか》市は読売新聞の発祥地である。そんな背景もあり、素直に「インテリ」を尊敬する土地柄なのだ。愛知県同様、公立高校からの東大・京大合格者は多い。私の通信教育の受講生で公立高校から東大理Ⅲのトップ合格を果たした子もいた。

そういう環境では、「出る杭は打たれる」と心配する必要もないのだろう、子供たちは誰に遠慮することなく勉強面で堂々と競争ができる。頑張って成績を上げた子が教師に褒められるのは、至極当然の光景だ。

「そんな地域では、成績の悪い子が可哀想」と思う向きもあるだろうが、それが自分の努力不足が原因だと悟れば本人も納得できる。そもそも成績で序列をつけるのは勉強面に限っての話で、「成績が悪い。だから人間としてダメだ」とまで決めつけてはいない。

スクールカーストのような根拠のない序列の中では、「友達のいない子」が、人間性そのものまで全否定されてしまうのだ。それよりは、わかりやすい評価、つまり成績によって序列をつけてあげたほうが、子供にとっては、まだ居心地がいいはずだ。

「みんなと同じ」で満足するシゾフレ人間と、それでは嫌なメランコ人間

「大人の勝手な思い込み」から発した平等教育が、逆に子供同士の差別を促している以上、「友達は多いほどいい」という価値観で子供を評価する愚挙《ぐきょ》はいますぐやめるべきだ。前述したとおり、「みんな仲良く」させる指導法は、放っておいても子供たちが仲間を蹴落としながら競争していた時代以外に、効果的な局面はない。

昔といまとで学校の掲げる価値観が違うのは妙だ、と感じる人もいるはず。しかし子供たちを誘導する手段としての価値観が、普遍的である必要はない。その時々の心理的ニーズに合わせて使い分ければいい。とにかくいまは、一刻も早く、競争を奨励《しょうれい》する価値観へと転換すべき時期だ。

いまの子供たちは、放っておくと「みんなと同じ」な現状に安住し、競争しようとしない。「他人に勝って、人とは違う人間になりたい」などと思わない相手に向かって「競争

は良くない」と教えてもまったく伝わらない。

子供たちだけではない。いまの日本人は、一部のエリート層を除いて、おおむね競争を回避する心理に支配されている。これは、一定の経済的な豊かさを実現した社会に共通する傾向だ。私は以前から、それを「シゾフレ化」と呼んできた。

一方、これから経済成長を遂げようとしている新興国では、誰もが「みんなと同じ」では満足できず、競争に勝ち抜こうとする人間が、放っておいても自然に増えていく。こちらは「メランコ化」という。

ここでいう「シゾフレ」とは、統合失調症《とうごうしっちょうしょう》(かつては精神分裂病＝シゾフレニアと呼ばれた)の略、「メランコ」は、(躁《そう》)うつ病(メランコリー)の略だ。

統合失調症と躁うつ病は「二大精神病」と呼ばれ、人間の精神が本格的に病んだら、行き着く先はこの二つのうちのどちらかしかない。ならば人間は、正常範囲であっても心の世界がシゾフレニア的なタイプと、メランコリー的なタイプとの二種類に大別できるのではないか——その仮説に基づき、私は前者を「シゾフレ人間」、後者を「メランコ人間」と呼んでいる。一見、大雑把《おおざっぱ》に見えるかもしれないが、精神病理学理論をベースにしたものので、根拠はしっかりしている。少なくとも、血液型で性格を分けるよりは、はるかに科学的だと私は考えている。

両者にはさまざまな違いがあるのだが、もっとも重要なポイントは、心の世界の「主役」が誰かということだ。

メランコ人間の心の世界の主役が「自分」であるのに対して、シゾフレ人間の場合は「他人（周囲の人々）」になる。それは、統合失調症と躁うつ病の患者が抱く「妄想」の中身を比較してみるとすぐわかる。

躁うつ病患者が抱く妄想は、常に「自分」が主語だ。「私は末期がんに違いない」（心気《しんき》妄想）、「私は貧乏になるに決まっている」（貧困妄想）、「私は悪人だから、絶対にみんなに迷惑をかけているはずだ」（罪業《ざいぎょう》妄想）など、妄想世界の主役は常に自分だ。

心の中が「自分」でいっぱいになってしまうため、「自分がやらねば誰がやる」「自分のやり方は間違っていない」と、自分を信じて突き進む。自分にこだわり続けることで、何事にも頑張りすぎて、結果的に疲れ切って、ある日ポキンと心が折れてしまう。

一方、統合失調症患者の妄想世界では、主語がまったく違う。そこには「自分」というものがない。「誰かが、私の命を狙っている」「ＣＩＡが人を殺すように指令を送ってきた」「あの壁にメッセージを書けという、神のお告げがあったのだ」という具合に、いつ

◎シゾフレ人間とメランコ人間の対比表

項目／タイプ	メランコ人間	シゾフレ人間
心の世界の主役	自分	他者（周囲）
対人関係	特定他者への献身	不特定他者への同調
周囲の世界の認知	論理的・現実的	魔術的・被害的
アイデンティティ	堅固なアイデンティティ	自分がない
常識・価値観	内在	外在
時間軸	過去へのこだわり 首尾一貫	周囲との同調 過去との不連続
局在（日本）	一九五五年以前生まれに多い	一九六五年以降生まれに多い

（『あなたはシゾフレ人間かメランコ人間か』／新講社より）

も「他人」が主役を演じている。「いま、この状態は、他者がこういう行為を私に強《し》いた理由による」と訴えるから、その大部分が「被害妄想」となるのだ。

私の提唱するメランコ人間とシゾフレ人間とは、どちらも精神病を患《わずら》っているわけではないので、そういう妄想まで抱くことは稀《まれ》だ。しかし心の「壊れ方」が二種類に分かれるならば、「壊れていない」人間の心にも、二つの傾向が見られるはずである。

メランコ人間は、あくまでも「自分」の価値観にこだわるが、「自分」のないシゾフレ人間は、常に周囲の人々と同調しようとし、「みんなと同じ」でないと満足できない。というよりも、不安でたまらなくなる。

そう考えると、九〇年代以降の日本では、広く「シゾフレ化」が進んでいるとしか思えない。その象徴が、いわゆるメガヒット現象だ。音楽の世界で言えば、一九九五年には二五曲ものミリオンセラーが出ているが、これは七〇年代の一〇年間で出たミリオンセラーの数と同じである。景気が良かったはずの八〇年代でも、一〇年間で出たミリオンセラーは一二曲だ。今はダウンロード他でミリオンセラーは出なくなったが、メガヒットや一人勝ちにより顕著になっている。二〇一一年、二〇一二年とベスト5をすべてＡＫＢ48が独占している。

心の世界の中に「自分」がいないシゾフレ人間は、主役である他人（周囲の人々）が「いい」と言うものを「いい」と思い込む。自分独自の好みがなく、価値判断を他人任せにしてしまう。自分なりのしっかりした価値観を持たず、流行やその場の雰囲気に流されてしまうのが特徴だから、興味や好みの対象がコロコロ変わる。だから彼らは世間で評判になっているものに一斉に飛びつき、ヒットをより巨大化させる。要するに「みんなと同じ」であれば、ひと安心するのだ。

増殖した「シゾフレ世代」が、さらなる「シゾフレ人間」をつくる

世の中が貧しい時代、環境に期待できないときは、食べていくためには自力で頑張るしかない。他人に頼れない状況とはすなわち、自助努力によって立身出世できる環境ということでもある。その結果「ライバルを出し抜いてでも上に行きたい」という競争意識が高まる。だから、高度経済成長期の日本は、堅固《けんご》なアイデンティティを持つ、メランコ人間が主流派だった。

彼らが、「俺がやらねば誰がやる」という気概を持って、成功を夢見て、仕事一筋、ワ

ーカホリックやエコノミック・アニマルと揶揄《やゆ》されてもそれをものともせず、頑張りすぎるほど頑張ったお蔭で、日本経済がここまで発展したのだ。

しかしいざ、世の中が豊かになると、そんなに努力しなくても「人並み」には食べていける。競争して「上」を目指すより、「みんなと同じ」でいることを選ぶ人間が増えるのも、自然な成り行きである。

加えていまの日本は、「努力が報われない世の中」になってしまった。政治家から芸能人まで「世襲」が幅を利《き》かせているのを見れば、裸一貫で、ゼロから這い上がろうなどとはなかなか思えない。「フェアな競争があれば格差は当然」というが、そもそも機会が均等ではない。生まれたときから差がつけられている。

昔は貧しい家に生まれても、形振《なり》りかまわず勉強すれば高学歴を得ることができたが、いまは親の収入が高ければ高いほど、子供の学歴も高くなる傾向がある。どうせ努力しても大して「上」に行けないのならば、競争を避けて「みんなと同じ」でいたほうが楽ちんなことに気付く。

こうした日本人の急速なシゾフレ化は、私の見たところ、一九六五年前後に生まれた世代から始まった。小学生が、みんなでピンク・レディーに夢中になっていた時代だ。それ以前の世代は「自分」の好みがはっきりしており、フォークなら「拓郎《たくろう》派」や「陽水《ようすい》派」、歌謡曲なら「百恵《ももえ》派」や「淳子《じゅんこ》派」などにいくつかに分化されていたが、ピンク・レディーの登場以降は、同じ歌手をみんなが揃って応援するようになった。

マニュアル雑誌や教則本が大部数の売り上げを誇ったのも、「周囲のやり方を気にしてしまう」この世代が買い支えたからだ。「誰が何と言っても、自分はこのやり方でいく」メランコ人間とは対照的に、しっかりした自分の価値観を持たないシゾフレ人間は、マニュアルがないと、それだけでパニックを起こしてしまう。

シゾフレ人間の場合、デートするだけでも大騒動だ。彼女とどこに行って、何を食べるか。何を着ていくか。どういう話題で盛り上げるか——悩んで悩み抜いた末に、結局マニュアル雑誌の記事にあったデートコースを忠実に辿る。もちろん、ファッション雑誌に載っていたモデル着用コーディネートを、頭の先からつま先まで見事に再現して登場。そして、「話し方」教則本に書いてあるとおりの会話に終始する。さあ、必要な情報はすべて頭に叩き込んだ。彼女は、人気ブランドに身を包み、（レンタルの）高級外国車で迎えに来た彼が、雑誌に載っていた有名店を予約していたことに、喜ぶ……というより、安堵する。もし彼がメランコ人間だったら、自分が行きつけ、というだけのラーメン店に連れて行き、彼女にムッとされただろう。

そんな中、突然、マニュアルにない事件が勃発。突然車が止まってしまった。「車が動かない場合はどうするか?」なんて、自分が参考にした雑誌には書いてなかった。さて、何をどうすればいいのかまったくわからず、途方に暮れる。おろおろする情けない彼の姿を見て、彼女は幻滅——という、全然笑えない笑い話が、その時代に頻出した。

もうひとつ笑い話がある。ある雑誌が、クリスマス・イヴ特集で、「夜景の見えるレストランでディナー、その時の必勝テク」と題し、とある「彼女を絶対に喜ばせるマニュアル」を披露した。さあイヴ当日、都内の某レストランで驚愕の事件が起こってしまった。

テーブル席のカップルたちが食事を終え、デザートタイムに入ったときのことだ。何軒もの生花店から、大量のバラの花束が、ほぼ同時に店に届いた。スタッフは慌てて、花束を持って、各注文主(カップルの男性)のテーブルへと走る。こうして、八席のテーブル中、七席に花束が無事到着。すべて、赤いバラだった。見た目にはまったく同じで区別がつかない。実に奇妙な光景である。贈られた女性の方は、全員が一瞬喜んだが、すぐに左右隣を見て不審に思う。

「これってお店からのプレゼント……じゃ、ないよね」

可哀想なのは、唯一、花束が届かなかったカップルだ。その、異様な雰囲気を感じた女性は、周りの席を見渡すが、何が起こったのか理解不能。なぜ、自分の席だけ花束がないのかもわからない。男性のほうはもっと悲惨で、顔面が凍りついている。その様子を見て、花束を持ったカップルたちはみな、黙ってうつむいてしまった。

それまでの賑やかな空気が一変し、店内が静かになった。誰からともなく、お勘定を頼む声が。我先にと、カップルたちは次々と、逃げるように店を出ていく。この一部始終を目撃したレストランスタッフは、苦笑いするしかなかった。すべては、画一的な「シゾフレ人間」たちが招いた悲劇である。

いまや、その世代が親となり、子供を教育している。自分自身が「みんなと同じ」「マニュアルに忠実」でないと不安だから、子供が仲間はずれになることに対する恐怖は相当なものだ。遠足のバスにひとりで座っているだけで、みんなの輪から離れてひとりで砂遊びをしているだけで、非常に焦《あせ》ってしまい「もっと友達を作らないとダメじゃない」「何か嫌われることでもしたんじゃないの?」と、次々に子供にプレッシャーをかけていく。

このように、家庭では、「シゾフレ親」が、「シゾフレ子供」を再生産していく。これに加えて学校までが競争を否定し「みんな仲良く」と指導していては、ますます子供たちは

「みんなと同じ」位置に安住したがる。何の疑いもなく、「いまある現状に満足」してしまう。それは、スクールカースト型のいじめを助長するだけでなく、努力する姿勢や生きる活力をも、子供たちから奪うことになるのだ。それは、すぐに社会全体の活力低下へとつながっていく。「みんな仲良くしましょう」なんて、耳に心地よいキレイゴトのお題目ばかり唱えていても、そこからは何も発展的なことは生まれない。

かつて、私は自著『シゾフレ日本人』（ロングセラーズ）、『あなたはシゾフレ人間かメランコ人間か』（新講社）で、シゾフレ化する日本の若者たちに起こる諸問題——自分がなくなり、他人に合わせ、対人関係も浅いものになってきているということ——について警鐘を鳴らした。シゾフレ化した若者が、日本社会や経済に与える影響にも触れた。

若者たちの引きこもりを筆頭に、そこで挙げた数々の予想が、いまや怖いくらいに当たってしまい、複雑な気持ちでたまらない。しかも、いままさに、そのシゾフレ化がさらに進み、より深刻な様相を呈している。まことに恐ろしい事態だと思う。

前述の「シゾフレ親」と、その子供たちであるいまの若者世代とで、唯一違いがあるとすれば、前者が「みんなが買うから買う」シゾフレ人間であったのに対し、いまは「みんなが買わないから買わない」傾向になったことくらいだろう。

第3章

本音を言えない若者は「真の自己」を失っている

「お芝居」で人づきあいを続けると、根本的な「人間不信」に陥る

周囲が決める「人気」のみで評価される若者たち。だから「友達がいる」ことを必要以上に強くアピールせねばならない――その人間関係のあり方は、まだまだ深刻な問題を孕《はら》んでいる。

それは、他人の目を気にするあまり、自分の中にある「本音」をさらけ出せない人間になりやすいことだ。

スクールカースト制度に支配された教室の中で、毎日「生き残り」をかけて生活している子供たちの様子を想像してみてほしい。

前述のとおり、スクールカーストの中での「一軍」「二軍」に入るために必要な技能は、コミュニケーション能力や社交能力である。みんなが面白がって聞きたがる話をした上で、空気を読みながら周囲と調子を合わせていかなければ、クラスの「仲間」とは認めてもらえない。誰も興味のないことや知らないことを一方的にまくしたてたり、あるテーマについてみんなと異なる意見や感想を口にしたりすれば、即座に「KY（空気が読めない）」というレッテルを貼られて疎外《そがい》されてしまう。村の掟を破ったら村八分にされる村

民同様、クラスという共同体から排除されるのだ。

したがって、メランコ人間のように「他人と違う自分」に強いこだわりを持ち、「みんなと同じ」状態を嫌がるようなタイプは、そこでは絶対に生き残れない。誰もが「本当の自分」を殺し、周囲に合わせた言動ばかり見せるようになってしまう。

仲間はずれにされないよう、誰もが「芝居」をしながら、恐る恐る周りとつきあうことになるのだ。

これは子供の心の発達過程に、極めて深刻な悪影響を及ぼす。詳しくは後ほど述べるが、演技で人づきあいをしていると、誰にも「本音」を打ち明けることができなくなる。「ここで本音を言ったら、嫌われてしまうのではないか」「素《す》の自分をありのまま受け入れてくれる人なんて、いるのだろうか？　いないだろう」という感覚が次第に身につき、「他人に本当の自分の姿なんか見せられない」と思い込み、心の基本的な部分に「人間不信」が根付いてしまうのだ。

これでは、他人とまともな信頼関係を築くことなど無理に決まっている。そういう子供が大人になったら、さまざまな不適応が起こることは、容易に想像がつく。恋愛や結婚など、男女間の人間関係がうまく形成できるとは到底思えない。

実際、最近の若者たちの中には、セックスをする間柄になった異性とさえ、本音で会話ができない者がいる。本来、何でも腹を割って話せるような関係になって初めて、性的な関係に進むのがまともな恋愛のあり方だったはずが、いまはそのプロセス抜きで即セックスをし、その時点で「彼氏／彼女」になったとお互いに認識する。

それはいわば「形式的な恋愛関係」であって、表面的な関係にすぎない。そのため、いつも二人で一緒にいても、自分が抱える悩みを、あけすけに喋ることができない。当然、相手の人間性や考え方などについて、お互いに深く話し合って理解することもない。

そういえば、これはテレビ番組で観ただけなので、若者の実態をどこまで反映しているのかはわからない（演出や当事者による「サービス」もあるかもしれない）が、いまの若い女の子たちは「彼氏」の携帯電話を取り上げて、メールや電話の着信履歴《りれき》をチェックするのが当然の権利だと思っているふしがある。

その行為自体が、お互いの信頼関係を壊すものだ（だからよほどのことがない限りやらない）が、彼女たちはそもそも彼氏とのあいだに確固たる信頼関係を築けていない。相手を信用しようと思ったら、ふだんのコミュニケーションを通じて相手を理解するのではなく、そういう形で行動を「監視」するしか手段を持たないのではないか。

ランチメイトとの「寒〜い」会話

いわゆる「ランチメイト」たちの話に戻ろう。食事中の会話は、ひたすら相手に調子を合わせるだけだ。昔は、ＯＬの会話といえば（たいてい、給湯室で）、「本音丸出しの言いたい放題」というイメージだったが、ランチメイトの場合は違う。

相手が「○○部長って仕事できるわよね」と言ったら、「えっ、そんなことないわよ」「あんなイヤな奴、見たことないわ」とは絶対に応えない。本当は部長のことが大っ嫌いでまったく認めていなくてもだ。決して相手の意見を否定せず、「ホントそうよね」と同調するのが基本である。

芸能界や政治の話題でも同じこと。たとえ自分が自民党の政策に不満を抱いていても、（今なら民主党時代の政権を褒めるようなことも言えないが）相手が「アベノミクスで景気がよくなっていいよね」と言えば「そうそう、最高だよね」と調子を合わせ、自分が実はキムタクの熱烈なファンであったとしても、相手が「ＳＭＡＰ？　もう終わってるでしょ」と言えば「マジでアタシも見飽きたわ」などと相づちを打つ。

前述した「公園でのママ友」との会話もこれと同様だ。当たり障《さわ》りなく、とりとめのない会話が延々と続く。話題につまると、芸能人のスキャンダルなど、自分とはまったく関係のないテーマでつなぐ。会話がとぎれると、話題に乏しい奴と思われやしないかと、一層不安になるからだ。

そうやって他者との対立を極力避け、その場の空気が破綻《はたん》しないよう、穏便《おんびん》に保つことだけに心を砕く。本音で訴えたいことや、本当の気持ちを堂々と伝えられず、自分を騙《だま》したままで「偽りの自分」をずっとキープせねばならない。「王様の耳はロバの耳!」と叫ぶことは一切許されない。吐き出せないことで、ストレスが溜《た》まる。こういう状態を繰り返すから、ランチメイト症候群は、じわじわと精神的に大きなダメージを来《きた》すのだろう。

そもそもランチメイトとは、誰に強制されたわけでもなく、「友達がいる」と周囲に見せるためだけに自らつくりあげた存在だ。なぜ、ランチメイトが「いる」だけで心労を感じたり、カウンセリングを受けたりするのだろうか。イヤなら、ひとりで食事をすればいいだけの話ではないか。自業自得と言われてもしかたがない。

しかし当事者たちは、その人間関係にさまざまなストレスを感じている。「イヤなのに断ち切れない」からこそ、「症候群」と呼ばれるのだ。つまりランチメイト症候群で苦しんでいる人々は、本音を隠した上辺《うわべ》だけの会話で生じるストレスよりも、「友達がいない」

と思われることのほうがイヤなのである。

しかし、彼女たちが本音で話のできる相手を求めているかというと、必ずしもそうともいえない状況も見られる。

中には、何でも打ち解けて話せる友人が欲しいと願う人もいるだろうし、ランチメイトから始まった人間関係が親友に発展するケースがないこともない。しかし大半は、その行動を見る限り、「本音で語れる友達」を欲しがっているとはとても思えない。前にも述べたとおり、ひとりでいる状態を、苦痛とは感じていないからだ。

もし本音をぶちまける機会を持ちたいのなら、仕事を終えてからまっすぐ家に帰るようなことはしない。会社には友達がいない、昼食はランチメイトと一緒にとるしかないとしても、アフターファイブは学生時代の同級生や趣味の合う仲間と会えばいいではないか。

しかし実際、そういう「飲み友達」をつくろうとはしないのが、いまの若い世代の特徴でもある。夜は自分の部屋に引きこもり、ひとりの時間を楽しんでいる。

ネット上だけの「つながり」で、深い人間関係は生まれるのか？

反論が聞こえてきそうだ。ひとりで家にいるからといって、それだけで友達が不要ということにはならない。部屋にいても、ネットや携帯で「外」の仲間と本音でつながって、そこで孤独を癒《いや》しているのではないか——そんな意見が出るはずだ。

たしかに、わざわざ飲み屋に集わなくても、他人とコミュニケーションできるツールは、いまは豊富に揃う。メールやブログ、フェイスブックのようなSNS、最近ではツイッターなどの場所で、誰もが延々と気楽なお喋りをしている。常に携帯をいじって誰かと〝つながって〟いないと気が済まない「携帯依存」の若者の様子を見ていると、「ひとりで過ごすのが好き」だとはとても思えないのもまた事実だ。

ただ、そこに「誰かとつながっていたい」という心理があることはたしかだが、その「つながり」は決して深いものではないと私は確信している。無論、ネットでのコミュニケーションのあり方は人それぞれだから、中には「本音トーク」をしている人もいるだろうが、大多数は、極めて表面的なやりとりに終始しているのではないか。

私がそう思うのは、これだけ若者のあいだにネットや携帯が普及し、四六時中そこでコミュニケーションをしているわりに、そこで生じた人間関係にまつわるトラブルや事件が少ないからだ。

新聞やテレビの報道を見ると、出会い系サイトがらみの事件や、自殺サイトで知り合った者同士の心中事件など、ネット社会ならではの事件が多発している印象はある。以前はまったくなかったのだから、多いといえば多いのかもしれない。

しかし、事件が起こるたびに大きく報道されるのは、それが間違いなく「珍しいこと」だからだ。この点は他の問題でもしばしば錯覚を招くので、注意が必要なところである。

子供の「いじめを苦にした自殺」は、ニュース性が高いのか、いつも大々的に報道されるので印象が強い。「最近は子供の自殺が多い」と思う人も多いだろう。しかし、未成年者の自殺者数はまったく増えていない。むしろ減少のトレンドにある。年間三万人（二〇一二年は久しぶりに三万人を切ったが）を超える自殺者の内訳でもっとも多いのは、実は中高年世代なのだ。もはやこの国の「日常」になっているので、珍しくもないのか、いちいち報道されなくなった。本当に件数が多い（したがって深刻度も高い）出来事はニュースバリューが低く、報道を通して世間の目に触れることが少なくなってしまうのだ。

もしネット上に、深いコミュニケーションによる濃密な人間関係が存在するとしたら、ネットで知り合った者同士が直接「会う」ケースが頻繁になり、それに関連した事件も増えていくはずだ。そうなると、ネットにまつわる事件が連日のように発生し、一般人の離婚がいちいち報道されないのと同様、ニュースにもならなくなるのではないか。

私は何も、いま起きている事件が「大した問題ではない」と言いたいわけではない。それ自体は、社会全体が深刻に受け止め、対策を講じるべき問題である。

しかし、ネット上での「つながり」が浅い——したがって相手と「会う」ことはほとんどない——からこそ、まだこの程度で済んでいるという見方はできる。

いつも携帯でつながってはいるが、多くの若者たちは、そこで自分の「本当の姿」を見せてはいない。スクールカーストでのつきあいと同様、誰もが本音を隠して「お芝居」を続けているのだ。

希薄な人間関係で充分、それ以上は求めない

ネット上の希薄な人間関係だけでも、いくらかは孤独が癒される。だから多くの若者が「つながっている」状態を望む。

2012年４月、首都圏連続不審死事件の判決裁判では傍聴希望者の長蛇の列ができた（写真／朝日新聞社）

しかし一方で、自分という人間の「実体」を知られることへの不安感も併せ持っている。だからネット仲間と実際に会って、さらに関係を深めようとはしないし、携帯で長電話もしない。用件はメールで済ませる。ツイッターで、たった一四〇字の短い「つぶやき」をやりとりする程度のコミュニケーションで充分だ。

個人ブログを公開し、そこである程度自分を表現し、賛同者を得られる人はいるだろう。しかし、そもそも実名でブログを書かないし、本当のことを書いているかどうかも怪しい。窃盗・詐欺・殺人容疑ほかの罪で逮捕された、木嶋佳苗《きじまかなえ》被告がいい例ではないか。

中には、まともなブログを続ける人もいるが、コメント欄が炎上したりすると、もう嫌になって、ブログを閉鎖し、そこでの人間関係を「なかったこと」にしてしまう。このように、ネット上では、「お手軽で、バーチャル」な人間関係が大部分を占めている。

ランチメイトと行動を共にする人たちの大半は、そういった表面的な人間関係しかない自分の生活に、さほど寂しさを感じていないようにも思えてくる。本音の言えないコミュニケーションに疲れてカウンセリングを受けるようになる人は、ごく一部かもしれない。大多数は「ひとり」でも平気で、「本音をぶちまけたい」という欲求もないのではないか。

彼女たちは決して「寂しがり屋」ではない。それは、家庭での生活スタイルを見てもわかる。外で仲間に会わないだけでなく、家族との関係も薄い。

都市部に暮らすのは「ひとり暮らしの若者」というイメージだったが、もはやそれは過去の話だ。いまの東京は、以前よりひとり暮らしの若者が減っている。

昔は大学入学と同時に田舎から上京し、社会人になってからもそのまま東京でひとり暮らしを続ける者が多かった。私自身、そのうちのひとりだ。しかしいまは地元を離れることなく、定住化が進んでいる。早稲田や慶應《けいおう》など都心の有名大学では、昔とは比較にならないほど地方出身者が少なくなった。東大あたりはまだ地方から出てきて近くに下宿している学生が多いそうだが、これは例外といっていいだろう。

その証拠に、多くの地方で「人口の社会減」が減っている。「自然減／自然増」が出生数と死亡数の差であるのに対して、人口の流入・流出の差で計られるのが「社会減／社会増」だ。人口の流出が多いほど社会減が増える。昔の東北地方では、若者がどんどん中央に出て行くので、年に数％もの割合で社会減が進んでいた。

それがいまは、ここ五年間で１％程度の社会減だ。人口の流出が以前の数分の一に減っている。これは東北地方だけでなく、日本全国で見られる傾向だ。それだけ、「田舎から出てきた都会人」が減っているという事実にほかならない。当然、都会でのひとり暮らし人口も減少するはずだ。

若者が仕事を終えてまっすぐ帰宅すれば、家では親兄弟が待っている。しかし、そこに「団欒《だんらん》」があるかといえば、決してそうではない。ひとつ屋根の下で暮らしながらも、生活はバラバラだ。

小中学生の場合、家族のいるリビングで勉強しているケースもゼロではないが、それはごく一部だと考えたほうがいい。実は中学受験をするような成績の良い子供ほど、リビングで勉強するものだ。いまの子供の大半は個室に引きこもる。親は「勉強部屋」として与えたつもりだが、もちろん、そこで参考書など広げていない。携帯、ゲーム、パソコンなどに戯《たわむ》れているだけだ。だからこそ、最近の識者がわざわざ「勉強はリビングルームでやらせなさい」と提唱するのである。

大学生や社会人でも、状況は似たようなもの。家に帰っても家族とのコミュニケーションが希薄で、自室に引きこもっている。友達を連れてくることも皆無だ。どこから見ても「寂しがり屋」の生活スタイルではない。

そういう「ひとりが好き」な人間にとって、学校や会社の昼休みは、一日の中で唯一、「ひとりで引きこもれない、非常に辛い時間」だ。

授業中や仕事中にひとりで机やパソコンに向かい、実質的に「自分の世界」に没入していても、周囲から「友達がいない人間」とは見られない。帰宅後もそうだ。

しかしランチタイムだけは、「周囲の目」を気にして、友達がいるように振る舞わなければならない。ランチメイトとのつきあいが、精神的に辛くなるのは、「本音を言えない」ことに加えて、「ひとりにさせてもらえない」からでもある。

日本人の「甘え」の構造――「甘えられない人」の病理を解明する

「ひとりになれない」ことが辛い理由には、他者に対する不信感が大きい。スクールカースト的な集団の中で、周囲の顔色を窺いながら生活しているうちに、「本当の自分なんか、他人が受け入れてくれるはずがない」という感覚が身に染みついてしまったからだ。

本音で話せる友達がいないことで悩んでいる人も、ネット上の人間関係だけで充分満足する人も、その点は同じだ。どちらも他人を信じることができず、「本当の自分」を隠して生きている。逆もまた真なりで、そういう人間は、他人の本音がどこにあるのかということを一切知ろうとはしない。

これは日本人にとって、極めて大きな心理的変化だといえる。なぜなら本来、日本の社会には、他人が言葉にしない「本音」を察知し、その心理的ニーズを受け入れる文化があったからだ。

そういう日本人の心理を明らかにしたのが、土居健郎《どいたけお》先生（一九二〇－二〇〇九年）の名著『「甘え」の構造』（弘文堂）だ。日本の精神分析家が書いた本としては、もっとも広く知られる大ベストセラーになった。

しかし、同時にこれほど多くの人に誤読されている本も珍しい。いや、大半は内容をろくに読まずに、タイトルだけ見て、土居先生の主張を判断しているのではないか。

実際、ほとんどの人が、この本を「甘え批判の書」と誤認している。日本人の心理には「甘えの構造」があって、それが自立を阻害《そがい》するなど、社会的問題の根源になっている——と理解しているように思う。

世の「日本人論」の大半が「日本人のこういう点がダメだ」と自己批判する内容だから、そんな誤解が生まれたのかもしれない。もともと日本人は、自分たちの悪口を言うのが大好きだから、『「甘え」の構造』のタイトルを見た瞬間、「ほら見ろ、やっぱり日本人は甘ったれなんだ」と言いたくなったのだろう。

その認識は明らかに間違っている。土居先生が訴えたかったのは「甘える日本人」ではなく、「甘えられない人」の病理なのだ。「甘えてはいけない」のではなく、「甘えられなくなるのはマズい」という話だ。

土居先生の定義によれば、「甘え」とは「他の人の好意をあてにし、それに依存できる個人の能力および特権」だ。決して「甘え」を否定的にとらえてはいないことが、この定義を読めばわかるだろう。日本人にとって、その意味での「甘え」を受け入れるのがいちばん自然であり、生きやすい社会なのだ。

健全な心の持ち主なら「ほどほどに」甘え合うことができる

宴会の席で、自分のビールのグラスが空《カラ》になったとき、日本人は自ら注《つ》ごうとはしないし、隣の人に「注いでください」とも言わない。「いまに、誰かが気づいて注いでくれるだろう」と思う。これが「他人の好意をあてにして、それに依存している」一例だ。

日本人はそれを当たり前だと思っているが、土居先生によれば、これは日本人特有の「能力」であり「特権」だそうだ。欧米人なら決して「誰かが注いでくれる」とは期待しないし、「ビールが飲みたかったら、その意思をはっきり言葉にして訴えないと、誰にも理解してもらえない」と考える。

日本の社会では、そこで手酌《てじゃく》を始めたり、他人に「注いでくれ」と要求したりするほうが不自然である。しかし、だからといって、日本人が間違っているのではない。

土居先生は、「日本人はお互いに相手の甘えを察し合うことによって、人間関係を成り立たせている」と指摘した。日本人には、相手が何かしら自分のためにしてくれることを、言葉にせずとも期待する能力が備わっているのだ。

もちろん、日本社会において、あらゆる「甘え」が無制限に許されるわけではない。極度に他人の好意をあてにしたり、頼ったりする人は、即座に「甘ったれるな」と非難される。許されるのは、「適度な甘え」だ。許される範囲で、ほどほどに甘え合うことができる人間が、成熟した健全な心の持ち主なのだ。

したがって「甘えすぎる人」と「甘えられない人」とは、どちらも適応能力が低いことになる。『「甘え」の構造』で、土居先生が問題視したのは、この「甘えられない病理」のほうだ。

他人の好意をあてにできないとき、日本人は往々にして負の感情を抱く。宴会で手酌をしている人の姿を想像してみてほしい。嬉しそうに自分のグラスにビールを注ぐ人なんてまずいないだろう。「どうせ、オレなんか……相手にされるわけがないんだ」と拗《す》ねたり、僻《ひが》んだり、ふて腐れたりしているに違いない。これが典型的な「甘えられない人」の例だ。

「他者への恐怖」が原因で、甘えられない人もいる。周囲の人々を「きっと、自分のことを受け入れてくれないだろうから、怖い」と感じてしまうのだ。自分の期待や、依存心を他人が受け入れるなんて、まったく信じられないから、心を許して他人とつきあうことができない。そのため対人関係がうまく結べなくなり、社会生活にも支障を来《きた》すケースが多い。多くは、そのまま社会不安障害（SAD）と言われる症状に陥ってしまう。集団に馴染めないのは当然で、それ以前に、他人と一対一でつきあうことが苦痛でたまらない。

最近のテレビで、お笑い芸人たちが、「他人と接するのがどれだけ怖いか」「いかに、大勢の人間がいる場所から自分の存在を消すか」「初対面の人と話すのをどのようにして避けるか」などといった実体験を、面白おかしく語っていた。芸人さんなら開き直ってネタにしてしまえるが、一般人はそうもいかない。笑い飛ばして解決、とはならないのだ。

また、これはメランコ人間に多い例だが、どこまで頑張っても「それぐらいでいいよ」と周囲が許してくれると思えず、何事もやりすぎて疲れ果ててしまう人もいる。とにかく「友達っぽい人」を何人も増やして安心し、彼らとのつきあいに翻弄されるパターンだ。会ったこともない何十人ものメル友とのメールのやりとりだけで、一日が終わってしまう人もいる。こちらも事態は深刻である。

「真の自己」と「偽りの自己」との均衡

そもそも日本人はどうして周囲に「甘えられる」のか。

根底にあるのは、世の中に対する漠然《ばくぜん》とした「信頼感」だ。自分のグラスが空になったとき、しばらく誰にも気づいてもらえず、放置されることはある。そこで「いま隣の人は話に夢中になっているけど、気がついたらきっと注いでくれるだろう」と、他人を信頼できる人は、まだ気持ちに余裕がある。

しかし常に周囲の他人に不信感を抱いている人は、「言葉にしない期待感」を持てない。人間不信が、「甘えられない」病理につながるのだ。

そういう意味で、スクールカーストにおける「お芝居」で成り立つ人間関係や、ランチメイト症候群は、「甘えられない」心理の最たるものだといえる。

彼らは「ありのままの自分を、他人が受け入れるはずがない」と確信して疑わないから、永遠に「偽りの自己」を見せ続けるしかない。相手も同じ気持ちである。お互いが「本当の自分」を見せていないから、健全な「甘え」を許し合う人間関係になることもない。そのため、負の感情、他者への恐怖心を、ずっと抱きながら生きていくことになる。

ところが彼らは、そういう人間関係でも「ないよりはマシ」なのだ。ランチメイト症候群の人も、スクールカーストの「二軍」も、そこの部分は発想が同じだ。周囲に見せるのは「偽りの自己」でいい。友達も「偽り」の存在でいい。とにかく自分が「人気者」に見えればそれでいい。

逆に、常に「本当の自分」や「本音」をさらけ出していたい人でも、状況によっては仮面をかぶらなければならない。嘘もつかねばならない。キレイゴトの建前を迫られる局面もある。では、どうやってバランスをとればよいのか。

人間の「真の自己」と「偽りの自己」については、イギリスの小児精神分析家、ドナルド・ウィニコットの論を紹介しよう。

彼が肯定したのは、「真の自己」だけではない。「偽りの自己」をも否定しなかった。相手や場所をわきまえず、常に「真の自己」を丸出しにして本音ばかり、あるいは我儘《わがまま》ばかりを口にする人間がいたら、それは社会不適応だと指摘したのだ。

人間は、本来、引っ込み思案なのに社交的な態度を取ったり、邪悪な下心を隠して善人ぶったり、仕事が大嫌いなのに職場で楽しげに振る舞ったりする生き物だ。ウィニコットは、「偽りの自己」の側面は必要だと主張した。

だが、「偽りの自己」ばかり見せて生活していると、やがて心が持ちこたえられなくなる。だから時には「真の自己」も出さねばならない。そこが彼の強調したポイントだ。問題は、「偽りの自己」を出すことではなく、「真の自己」を出せない局面にある。

「赤提灯《あかちょうちん》の愚痴《ぐち》」は、立派なカウンセリング行為

他人の目ばかり気にするスクールカースト制度、ランチメイト症候群に対して、かなり違和感を抱く世代の人々も、実際、日頃から「偽りの自己」は頻繁に見せているはずだ。サラリーマンなら、苦手な上司の前では「聞き分けのいい部下」を演じ、得意先の社長にゴマをすりつつも、内心で舌を出していることだろう。家に帰れば、浮気をしたい願望、あるいは浮気の事実を隠し、良き夫、良き妻を演じる必要がある。

その一方で、「真の自己」を出せる場所があれば、心の安定を保つことができる。勤務中はずっと「偽りの自己」の姿でも、アフターファイブに仲のいい同僚と飲みに繰り出し、「あんな部長の下じゃ、やってられないよな」「まったく、ゴマをするのも疲れるよ」などと、本音で愚痴をこぼすことができれば、精神的なバランスを崩すことはない。

この「赤提灯の愚痴」が、ある意味で日本人のメンタルヘルスを支えてきたと言ってもよい。日本は、アメリカと比較して、精神科医のカウンセリングを受ける人が少ないと言われてきたが、それは、愚痴を聞いてくれる同僚や親友が、カウンセラーの役割を果たしてくれるからだ。

アメリカでは、前述のとおり「ホモセクシャルに見られたくない」恐怖症が災いし、そもそも男同士で飲みに行く文化がない。酒を飲むのは、主に大人数で集まるパーティでのことに限られる。二次会と称して、男性同士で飲みに行くと、そこでまた誤解を生むため、たいていは一次会でお開きとなる。だから、深酒、泥酔することもない。酔った勢いでついつい、素面《しらふ》では言えなかったことをあっさり吐露《とろ》……といった、日本でよくあるケースがまったく成立しない。第一、人前で酔って醜態《しゅうたい》をさらすことは、エリートの社会では命取りになる。ちなみに自宅ですらもエリートは妻に「専業主婦でいて欲しい」という本音を切り出せない。女性に家にいて欲しいと言うだけで、女性差別主義者という烙印《らくいん》を押されるからだ。このように家庭ですら本音を吐き出せないのがアメリカの実情だ。

アメリカでは、酒の席でも、エリートの場合は家庭でも、職場と同様「建前」の会話が求められる。彼らには、「無礼講《ぶれいこう》」で「真の自己」をさらけ出し、本音トークができる機会がほとんどない。だからアメリカのビジネスマンは、日常的に精神科医を訪れ、「ありのままの自分」を受け入れてもらう努力をしてきた。

ところが最近、日本でも、精神科に対する敷居がかなり低くなった。患者がそれだけ増えたのだ。まだ自発的、というよりも周囲が連れてくるケースが大半で、アメリカ人のような気軽さはないとはいえ、昔にくらべれば抵抗感がはるかに薄くなった。

理由はさまざまだろうが、確実に言えるのは、日常生活の中のどの場面においても、「真の自己」を出せない人が増えていること。ランチメイト症候群は、その代表例だ。

ひとりで過ごすことが苦にならず、ネット上でも「偽りの自己」を演じている人たちは、その種のコミュニケーションだけで満足しているように見えなくもない。

しかし、ウィニコットの指摘を俟《ま》つまでもなく、「真の自己」をどこにも出さないままで生きていくには、精神面に膨大な負荷がかかる。本音を抑圧して、自分を偽り続ければ、絶対にどこかで心の歪《ゆが》みが生じてしまうからだ。

実生活と折り合いをつけるための新しい手段――「同調型引きこもり」とは？

一〇年も二〇年も、自室にこもったままで一歩も外に出ない、本格的な引きこもりの姿を見れば、誰でも「心が病んでいる」と思うだろう。ところが、ランチメイト症候群にしろ、スクールカーストにしろ、そこで他人とうまく同調し、「友達が大勢いる」ように振る舞っている若者たちは、一見、社交的で明るいから、心が歪んでいるなどとは到底思えない。

しかしこの両者は、「引きこもり」の手段が違うだけで、本質的にはほぼ同じである。社交的に見える若者たちは、内面の「真の自己」を隠して、自分だけの世界に引きこもっているにすぎない。

その状態を「同調型引きこもり」と呼んだのが、慶應大学・東京国際大学の教授を歴任した、精神分析家の小此木《おこのぎ》啓吾《けいご》氏（一九三〇－二〇〇三年）だ。「同調型引きこもり」とは、いわば現実と折り合いをつけた、引きこもりスタイルのことである。

本音では、他人と一切関わることなく、ずっと自分の個室に引きこもっていたいのだが、社会で生活していくためには、完全に他人を拒絶し続けるのは不可能。学校には行かなければいけないし、卒業すれば就職して働かねば生活できない。そこで「偽りの自己」だけを表に出し、本音は隠したまま、表面的には、周囲と調子を合わせて生きていく。それを「同調型」と呼ぶ。

鋭い洞察によって小此木氏がそれを見抜いたのは、もう三〇年以上も前のことだ。いまの若者たちを見ると、その傾向がより広がっているように思う。

私はいろいろな場面で若い人と接する機会が少なくないが、気になるのは、彼らが、仲間とつるんで行動するのが「面倒臭い」「鬱陶《うっとう》しい」と、頻繁に口にすることだ。本当はサッサと家に帰りたいのに、やむを得ず友達づきあいをしているように見える。

とくに、数年前と比べて顕著な変化を実感するのは、学生たちが明らかに酒を飲まなくなったことだ。昔の若者なら「酒を飲めるようになりたい」「もっと強くなりたい」と思ったものだが、いま、そういう発想はなさそうだ。一種の社交ツールとして、酒の重要さを認めている私が、「飲めないと不便じゃない？」「酒に強くなりたいと思わないの？」と、誰に訊いても、全然そう思わないという答えが返ってくるだけだからだ。

余談だが、芸人の世界にも同じことが起きている。昔の芸人は酒豪ばかりだったので、飲まなければ師匠や先輩とのつきあいもままならなかったはずだ。最近、酒を飲まない芸人が非常に増えた。ダウンタウンの松本人志《まつもとひとし》や爆笑問題の太田光《おおたひかり》もそうだ。若手を牽引《けんいん》することの世代が飲まないのだから、後輩たちも無理に飲む必要がないのかもしれない。

酒と無縁の日常を送る若者たち

同じ芸能界でも酒乱はいる。二〇〇九年四月、深夜の公園で素っ裸になって大騒ぎした挙げ句、逮捕されたタレントがいた。興味深かったのは、この事件に対する若者たちの反応だ。「お酒を飲んでいたんだから、ああいった行為をしてしまうのは当たり前じゃないか」「酔っ払ったら、ふつうそうなるでしょ」「逮捕するなんて、ひどい。行き過ぎだ」といった、タレントに同情する声が予想以上に多かったのだ。

常識的に考えて、「酒を飲んで裸になる」のは決して〝よくある〟行動ではない。たしかに酒に酔った人間は、素面のときよりも奇妙な言動をするものだが、素っ裸にまでなる人はそういない。「酒乱」と呼ばれる人の中でも、一〇人か二〇人に一人いるかいないかではないか。それも、単に脱ぐだけで、騒ぐことなくおとなしく飲む人もいる。

それが「屋外で」となれば、なおさら事は大きくなる。警察が逮捕せざるを得なかったのも、閑静な場所で、ひとりで騒いでいたため、近所の住民に通報されたからだ。その酔い方は尋常《じんじょう》ではなかったはずだ。

ところが若者たちは、その明らかに異常な酔い方を「当たり前」だと認識している。これは、彼らがいかに酒と無縁な日常を送っているかを物語るものだ。

日頃から酒を飲む習慣があれば、自分自身の経験に照らして、あのタレントの行動が常軌《じょうき》を逸《いっ》していることなど、たちどころにわかる。ところが、日頃飲まない彼らは、前後不覚になった経験もなければ、泥酔した友達の醜態を見たこともない。人間がアルコールでどう変わるかなんて、実感がまるでないのだ。

そこには、「酒は人間を激しく豹変《ひょうへん》させる、恐ろしいもの」という認識しかない。まっとうに生活している人なら、マリファナや覚醒剤が人間をどう変えるのか、皆目《かいもく》見当がつかず、ただただ「恐ろしいもの」「手を出してはいけないもの」としか思えないものだ。それと同じくらい、いまの若い世代は酒のことがわかっていない。

酒に対する強い恐怖心は、「本音」を出すことの恐怖心と、表裏一体ではないか。「一緒に飲まないからわからない。わからないから怖い」、それゆえに「怖いから飲まない」という心理がそこに働いているように思う。

そもそも酒がコミュニケーション・ツールとして有効な理由は、酔ってしまえば「無礼講」で、いくらでも本音を吐くことが許されるからだ。日本人にとっては、それが仲間と酒を酌《く》み交《か》わす動機でもあった。

元来、日本の社会は「酔った上での失言」「酒の席での失態」に甘い文化があったので、そこで「真の自己」を解放し、日頃溜まったストレスを発散することができた。

しかし、できるだけ他人との深い関わりを避け、自らの本心を隠しておきたい若者にとっては、酔ってうっかり「真の自己」を垣間見《かいまみ》られるなんて、何よりも恐ろしいシチュエーションである。その意味でも、「酔ったら素っ裸になって当然」という認識は、実に象徴的なものだ。

彼らは、酒を飲んだ自分が、精神的に「裸」になってしまうことをいちばん恐れているのだと思う。

本音が許されるはずの「家庭」ですら、本音を吐けない理由

そこまで「真の自己」を表に出すのを恐れる理由は、学校教育もさることながら、やは

り家庭教育の影響が大きい。

まず「真の自己」と「偽りの自己」とを使い分けるためには、「本音を出しても良い場所」の存在を認知しておく必要がある。それがわからなければ、どこにいても怖くて絶対に「裸」になんてなれない。

幼い子供がもっとも本音を出しやすい場所は家庭だ。学校は公の場所だから「建前」の大事さを教える役目も担《にな》っているが、家庭は誰もが「仮面」を脱ぎ捨てて、リラックスできるプライベートな空間のはず。ここで「真の自己」をさらけ出せないと、ほかのどの場所でも、「真の自己」を見せられなくなる。

ところがいま、子供が家に帰ったら、そこに待っているのは「周囲の目」ばかりを気にする親たちだ。ついつい、「〇〇君は意地悪だから嫌いだ」ともらせば、母親は「そんなこと言ったら仲間はずれにされるじゃないの」と慌てふためく。

子供は正直なので、もっとひどい暴言を平気でまくしたてる。クラスメイトを「あいつはバカだ」「汚くて臭い」「デブでカッコ悪い」と、学校の教師が聞いたら怒鳴り飛ばすようなあからさまな本心を、親の前で平気で口にする。

子供が仲間はずれにされることを恐れる親は、ここで教師とまったく同じ反応をしてしまう。「そんなひどいことを言ってはいけません」「自分が言われたら辛いでしょ」「人の気持ちを考えられる子にならなきゃダメよ」といった具合に、頭ごなしに叱りつける。

子供は、そもそも本人に面と向かって「バカ」「汚い」「臭い」「デブ」と罵声を浴びせたわけではない。赤提灯で会社の愚痴をこぼすサラリーマンよろしく、学校では絶対に言えない本音を、家の中だから吐きだしただけだ。

その行為を、親に全否定されてしまったら、本音を出せる場所は、もう、世界中のどこにもない。そうなると、「本音を口にすることは、相手が誰であれ、どこであれ、一切許されない」という恐怖心が身についてしまう。あるいは、自分の本心は、親とも普通の人とも違う、醜いものだと思い込んでしまうことだろう。

そうやって、いかなる場所でも、他人に嫌われないような、キレイゴトの建前しか話せない人間のできあがり。問題はそれだけではない。いつしか彼らは、自分に「真の自己」があること自体もわからなくなってしまうのだ。

親の役割は、「本音」と「建前」の使い分けを教えること

由々《ゆゆ》しき事態を避けるためには、家庭内で、親子が本気・本音のコミュニケーションを交わすことを心がけるべきだ。

もちろん、友達の悪口を言う子供を、全面的に肯定しろというのではない。ただ、理解して欲しいのは、子供が親の前で友達のことを「あいつはバカだ」と言うのは、相手を傷つけたいからではない。「バカなあいつに比べれば、自分は賢い」と、親に認めて欲しいからだ。

まずは子供の本音をそのまま受け入れてあげよう。「たしかに、バカなことばかりやってるあの子よりも、おまえのほうがお利口さんだよ」とでも返してあげれば、子供は、自己愛が満たされ、自分に自信を持てる。その上で、「でも、学校でそんなことを言うと性格の悪い子だと思われるから、これは家の中だけにしておきなさいね」という形で、人間には「本音」と「建前」があることを教えてあげればいい。

また、親自身が、家庭内で本音を口にすることも大事だ。子供は敏感だから、親の顔色が常に気になる。その母親が殺気立った顔で、「○○ちゃんのママは本当にいい人よね～」

と言って、壁に皿を投げ付けて割ったりしたら、子供はもう、わけがわからない。

子供と一緒にテレビのワイドショーを観ているときなど、コメンテーターが口にする「キレイゴトの建前」に同調してばかりいると、子供は「本音」の存在が理解できない。時には、テレビでコメンテーターが絶対に言わないような「ここだけ」の本音をもらしてもいい。

少し前のニュースになるが、整形手術を受けて逃亡していた殺人罪の（当時は死体遺棄《いき》容疑のみ）、市橋達也《いちはしたつや》被告が、自分の素性を隠して、住み込みの工事現場で肉体労働をしていたと報道された。あえて言うが、あのとき、本音の部分で「意外と根性のある奴だな」と思った人は少なくなかったはずだ。

贅沢《ぜいたく》を言わなければ職に就けるにもかかわらず、仕事を選り《よ》好みし、働こうとしない若者が多いという風潮もあった。それに比べれば、こいつ、なかなかやるじゃないか、という意見が出ても不思議ではない。ネット上の匿名サイトでは「この逃亡犯に見習うべきだ」「誰それよりはずっとマシ」という書き込みが多数見られた。

そういう感想を親が何気なく口にすれば、子供は「本音」と「建前」との違いを認識するだろう。テレビや報道では決して発信できないことだが、家族のような信用できる相手の前では、許される発言もあるのだ、と理解する。

その違いがわからない子供は、みんなの「建前」と違う考えを自分が抱いたとき、「自分は悪い子ではないか」「異常な子に違いない」と思ってしまう恐れがある。すると人前で自分独自の意見をまったく出せなくなり、常日頃から、テレビのコメンテーターのような、キレイゴトの建前しか発言できなくなってしまうのである。

もちろん、いつまでも親と子が本音で話し合える時期には限りがある。三歳や四歳の幼児であれば、思っていることを何でも親に話すだろうが、思春期を迎えた子供は、親に秘密を持つ。しかしそれは決して悪いことではない。むしろ大人になるために必要なプロセスなのだ。

もはや死語？「親友」という言葉

本心を打ち明ける相手として、そこで登場するのが「親友」だ。「マスターベーションをやめられない」「エロサイトをついつい覗《のぞ》いてしまう」「女の子とキスをした」「あの子が好きで好きでたまらない」といった秘密を、親に相談できるわけがない（最近はできる子がいるというのも異常と言えるが）。

そこで、親友の前で「真の自己」をさらけ出し、「オレも同じだよ」と言われれば安心する。そこから人間としての社会性を身につけるのが、通常の発達モデルだ。

しかし幼少時から、親の前であっても本音を出せなかった子供は、「信用できる人間ならば、真の自己を受け入れてもらえる」という感覚をずっと持つことがない。そうなると、思春期になっても「親友」をつくれない。誰の前でも「裸」になれず、表面的な建前のコミュニケーションしか交わせない状態だからだ。

ランチメイトとはそつなく会話できるのに、親友ができない現象は、その延長だ。本音で語り合える親友がひとりでもいれば救われるはずだが、そもそも自分に「本音」というものがあるかどうかも定かではない。こんな状態で親友をつくる道は困難を極める。

いまの若者たちの会話を聞いていると、「親友」がいないことを、さほど深刻には考えていないようにも感じる。とにかく「友達がたくさんいる」ように見せることばかりを気にしているので、「親友」という存在の具体的なイメージも浮かばないのではないか。

「親友が欲しい」という願望は、多少はあるだろう。しかし、どちらかといえば「夢物語」に近いような気もする。

昔の少女たちが「いつか白馬に乗った王子様が迎えに来て、アタシを幸せにしてくれるはず」と夢想したように、「いつか親友っていう人が、目の前に現われるといいな」と思っていやしないだろうか。

第4章

「人間性」を大事にしすぎたら、社会が壊れた

大きな誤認――「IQよりEQが大事」ではない

土居健郎先生の『「甘え」の構造』が「甘え批判の書」とすっかり誤解されたことからもわかるように、ベストセラーになった本は、往々にしてタイトルだけが独り歩きしてしまう傾向がある。買うだけ買って「積《つ》ん読《どく》」にし、中身を読まない人が多いことの証明かもしれない。いや、買いもしないで、知ったかぶっている人も相当いるはずだ。

心理学の世界には、『「甘え」の構造』のほかにもう一冊、多くの日本人がタイトルだけ見て内容を誤解した本がある。二〇年近く前に大ベストセラーとなった、ダニエル・ゴールマン著『EQ　こころの知能指数』（講談社）だ。

共感能力や、感情のコントロール能力の重要性を説いた本だが、サブタイトルの「こころの知能指数」が示すとおり、「EQ」は「IQ（知能指数）」をもじったもの。そのせいか、この本が世間で話題になった当時は、多くのメディアで「IQよりEQが大事」「これからはIQ人間からEQ人間へ」という論調が数多く見受けられた。

新しい言葉に敏感な中年世代のサラリーマンからは、「勉強のできないオレが会社で何とかやっていけているのは、きっとEQが高いからなんだな」「私なんぞはEQだけで世間を渡ってますから」といった、自嘲《じちょう》とも自慢ともつかない台詞《セリフ》がよく聞かれたものだ。

そこからわかるのは、多くの日本人が「ＥＱ」と「ＩＱ」を対立概念として認識し、同じ人間の中で、この二つの「Ｑ」は両立しないと考えていた事実である。

知能指数の高い秀才はＥＱが低く、心の豊かな人間はＩＱが低い。これまではＩＱの高い人間が活躍してきたが、今後はＥＱの高い人間が世の中で重要な役割を果たす時代になる――ことを高らかに宣言した本だと思い込んだ日本人が大多数だった。

ちゃんと読めば誰にでもわかることだ。これは決して「ＩＱの高い人間」を否定する内容ではない。

最初に「ＥＱ」の考え方を提唱したのはサロヴェイとメイヤー、二人の心理学研究者だ。彼らが問題提起したのは「ＩＱが高いのに、ＥＱの低い人間がいる」ということである。

ＩＱの高い人間は、本来ならば社会的に成功する可能性も高いはずなのに、実際にはキャリアの途中で失脚したり、ドロップアウトしたりするケースが少なくない。そういう人たちは、どうやら感情面に問題がある（つまりＥＱが低い）ようだ――というのが、彼らの研究の出発点だった。

したがって「EQが大事」イコール「IQは不要」という意味ではない。「IQが高いだけでは不完全な人間」ということだ。社会で出世するためには、知能指数に加えて、感情面の能力をも、高いレベルで身につける必要がある。

会社の経営者が正しい意思決定を下すには、まず何よりも高い知性を要求される。さまざまな要素が錯綜《さくそう》する現状を正確に把握し、今後の展開を読む推論能力なしに、物事を正しく判断することなど不可能だからだ。

しかし人間の思考力の優劣は、知性だけに影響されるものではない。気分が苛立《いらだ》っているときと、気持ちにゆとりのあるときとでは、どんな人でも思考のプロセスや結論に、違いが生じてしまう。

びっくりするくらいIQが高い人でも、出勤前の夫婦喧嘩で腹を立てていたり、子供が大学受験に失敗して落ち込んでいたりした場合は、仕事で判断ミスを犯すこともある。「知能」と「感情」とは別々に機能するのではなく、お互いに影響を及ぼし合っているということだ。高い知能を充分に活かすためには、感情面も安定しているに越したことはない。つまり「IQよりEQが大事」ではない。「IQもEQもどちらも大事」なのだ。

ところが日本人は「EQ」だけを重要視し、「もうIQなんて必要ない！」と訴えたくてたまらなくなった。なぜか。

かつてジグムント・フロイトは、人間の「言い間違い」には「無意識」が反映されるとした。この「大きな勘違い」にも、その背景には、多くの日本人が無意識のうちに共有していた価値観が反映されているように思えてならない。

日本社会を覆う「人間性至上主義」の謎

すでに述べたとおり、この「ＥＱブーム」が巻き起こった九〇年代半ばの日本では、学校教育で競争が否定され、新学力観に基づく評価が始まろうとしていた。平等化が進み、「みんな仲良くしましょう」「友達をたくさんつくりましょう」という価値観が定着しつつあったのが、まさにこのころだ。

当時の日本には、いわば「能力より人間性が大事」という価値観がすでに広まっていたのだ。そう考えると、「ＥＱ」の概念が誤解されたのにも頷《うなず》ける。

「人間を学力で差別してはいけない」「頭の良さより、性格の良さや感情の豊かさのほうを重視しよう」といった、人間性至上主義的な風潮に、「ＥＱ」という言葉は極めて親和性が高かった。これが、多くの日本人が、ゴールマンの理論をきちんと読み込まず、自分たちの価値観に合うところだけを受け入れて、「IQよりEQが大事」だと思い込んでしまった理由である。

そしていまもなお、とくに教育の世界では、この人間性至上主義が日本社会を覆っている。学校では「誰とでも仲良くできる、友達の多い子」が教師から褒められ、親はわが子を「性格が良く、明るくて誰からも好かれる子」に育てたいと願う。

「人間性を高める教育」は、言葉で表わすのは簡単だが、いざ実行となると、非常に難しいものだ。目標自体は誰も文句をつけられない「キレイゴトの建前」である。しかし、いざ実現しようとすると具体性に欠けており、何をどうすれば「人間性」が高まるのか、まったくわからない。

ある意味、これほど便利な言葉もない。嫌いな人間を非難するとき、私たちはしばしば「人間性」を持ち出す。「あいつはたしかに頭は切れるが、人間性に問題がある」「仕事ができるのは認めるけど、彼の人間性は人として許せない」といった具合にだ。

しかし、そもそも「人間性」が何を指すのかが判然《はんぜん》としない。猟奇的な殺人事件が起きると、犯人に対して「人間性のかけらも感じられない」という言葉が投げかけられがちだ。しかしよく考えてみると、同じ種の仲間を殺し、バラバラに切り刻む動物は、自然界広しといえど人間だけだ。皮肉を込めて言えば、猟奇殺人はもっとも「人間性にあふれた行為」ということになる。

「人間らしさ」には、良いものと悪いものがある。一般的に「人間性」は良い意味で使われる。ただし、常識の範囲では理解できるが、何をもって「良い人間性」とするのかは必ずしも自明ではない。加えて、その時代や政治体制、歴史、文化、宗教といった社会的背景によっても、何を「良き人間」と定めるかが変わってくる。

「人間性を高めましょう」と言われたとき、「たしかにおっしゃるとおりだが、具体的に何をすればいいのか」と悩む。その答えはどこにも見当たらないのだ。

「人間性」をトレーニングする方法など、どこにあるのか

教育によって子供の「能力」を高める場合、何が「有効」か、迷うことはない。「勉強ができる、成績の良い子にしたい」「東京大学に入れたい」「プロのピアニストになって欲しい」「フィギュアスケート選手にして、オリンピックでメダルを獲らせたい」といった

具体的な目標は、評価の基準が明確だからだ。

指導者や本人が「何をすればいいのかわからず悩む」局面はあまりない。最終目標から逆算し、当面やるべき課題を設定し、スケジュールを立て、基礎からコツコツと積み上げていけばいい。

フィギュアスケート選手なら、○歳でスケート靴を履かせ、○歳でコーチを付け、まずはジュニア大会で優勝することを目指す。そのための投資額は当面いくらで、最新設備の整っている教室や、学校はどこだ……といった具合に。

ところが「人間性を高める」目標の場合、最終的に目指す人間像そのものが曖昧模糊《あいまいもこ》としている。だから、そこに向かって何を積み上げていけばいいのかも不明瞭だ。東大を目指すなら算数や国語の基礎学力を身につけることから始めればいいし、ピアノやフィギュアスケートにもセオリーがあるが、「人間性」にはそれが全然見えない。

「人間性の基礎」が、まったくないわけではない。「挨拶《あいさつ》がきちんとできる子にしたい」「ルールを守れる子にしたい」といったことから教育を始める手はある。このように「できる／できない」が客観的に評価できることは、まだやりようがある。

しかし、元気良くハキハキと挨拶ができるようになったからといって、その子の「人間性」が高まったかというと、必ずしもそうではない。もし「挨拶ができる＝人間性が高い」のであれば、ファストフード店や、ファミレスで働くアルバイトの若者たちは、すべて高い人間性の持ち主だということになる。これに同意する人はいないだろう。

むしろ人間性を重視する人ほど、「マニュアルにしたがった挨拶」に批判的な態度を取るものだ。「気持ちのいい挨拶は人間の真心から自然に出るもの。マニュアルどおりの挨拶を繰り返すだけのアルバイトは、ロボットのようで、まるで人間味が感じられない」と、くどくどと言われかねない。

しかし、ではマニュアル的な挨拶なんて何の意味もないかというと、決してそうでもない。

もしアルバイト店員が、マニュアル的な笑顔もなしに、それこそロボットのように事務的な応対しかしなかったら、「なんて愛想の悪い店なんだ」と、大多数の人が不快に思う。実際、コンビニで無愛想な店員に当たったとき、たいていの人は「せめてマニュアルどおりの挨拶ぐらいしろよ」と、文句のひとつでも言いたくなるのではないか。

マニュアルどおりの挨拶でも、相手に好感を与える効果はあるのだ。だからこそ企業もマニュアル化し、従業員全員に徹底する。

マニュアルをお手本にして可能になることは、トレーニングによってある程度まで鍛えられる。つまり「教育」ができるのだ。

たとえ、他者への感謝の気持ちを全然込めていなくても「ありがとうございました」と丁寧に言えるようになるし、ふだんの素行や言葉遣いの悪い不良少年少女でも、アルバイト中だけは、とても愛想のいい、感じの良い若者になれるのだ。

「マニュアル的な挨拶」も、「道徳のペーパーテスト」も、ないよりはマシ

アルバイトタイム限定で、挨拶ができても意味がない——と、人間性至上主義者から反論されそうだ。たしかに、それが現在の教育の標準的な考え方である。いくら店員の仕事に順応できていても、勤務時間外に他人をいじめたりしていては「人間性が身についていない」と、一気に評価が下がってしまう。

よく考えてみて欲しい。これは極論かもしれないが、「マニュアル的な挨拶が完璧な不良」と「マニュアル的な挨拶すらできない不良」とでは、どちらがマシか。当然、誰でも前者だと思う。

本人の真の人間性は脇に置いておいて、「マニュアル的な挨拶」というコミュニケーション・ツールさえ持っていれば、それなりに、建前上は人間関係をうまく築けるものだ。

日常生活を送る上でも仕事を得る上でも、その「技術」自体には、大きな価値がある。心を入れ替えた不良が、真面目に生きていこうとしたとき、たとえマニュアル的な挨拶であっても、できないよりは何十倍も有利であり、スタート地点がまったく違ってくる。

お恥ずかしい話だが、中学生の頃の私の娘も、友達と携帯で話すときは、いかにも、いまどきの女の子っぽい、実にひどい言葉遣いだった。それはもう、聞いていて腰を抜かしそうになるほど下品なこともあり、イライラしていた。

しかし、それはまともな電話応対のやり方を身につけていないからではない。敬語が使えないと中学受験の国語で点が取れないので、そこはきちんと習得している。だから自宅の固定電話に出るときは、相手が誰かわからないので、至極まっとうな敬語で受け応えをしている。親としては、必要な場面だけでも、まともな言葉遣いができていれば安心だ。

そもそも人間関係を円滑にするための「作法」や「礼儀」は、ある意味でマニュアル的なものだ。冠婚葬祭での決まり文句を見ればわかる。

礼儀作法とは、嫌いな相手とぶつかることなく、円満につきあうために存在する。「悪い人間性を隠して、挨拶だけが立派でもダメだ」と言い張る人は、生まれてこのかた、内心で舌を出しながら偉い人に頭を下げたり、心にもないお世辞を口にしたりしたことが本当に一回もなかったか、自分の胸に聞いてみてはいかがだろうか。

「道徳」科目におけるペーパーテスト実施に反対する人もいるが、これも「マニュアル的な挨拶」を否定する考えと根は同じだ。

曰《いわ》く、道徳のテストでいくら高得点でも、それが本人の道徳観をそのまま反映しているとは限らない。勉強さえしていれば、やさしさや思いやりの心に欠ける不道徳な子でも一〇〇点満点を取れる。それではテストをする意味がない――という理屈だ。

しかし、挨拶ができないよりできたほうがマシなのと同様、道徳のテストも点数が高いに越したことはない。テストで正解できたのは、社会的に見て、何が道徳的で何が不道徳なのかを理解しているからだ。

たとえ本人が、いじめや暴力や盗みなどの不道徳行為をしたとしても、それが本当は「やってはいけないこと」だとわかっていたほうがいいに決まっている。

いけないことだと知りながら他人の持ち物を盗む子より、そもそも自分の物と他人の物との区別がつかず、まったく悪気なく盗みを犯す子のほうが心配だ。心の発達という面では、そのケースのほうが、より深刻な問題を抱えているからだ。

人間の「腹の中」のことなんて、心理学者にもわからない

社会が求める道徳を、知識として教育することは可能である。しかし道徳観そのものが、教育によって身につくかどうかは不明だ。礼儀作法や挨拶も、形としてなら教えられるが、それが本人の人間性を高めることになるかどうかはまったく別問題だからだ。

教育で身につけさせるのには限界があり、外形的な部分までと考えたほうがいい。そこに「心」が込められるかどうかは、最終的には本人自身の問題である。教育はそこまでフォローできない。その達成度を具体的に評価する基準もないからだ。もちろん、教育や教師の影響で道徳観や人間性のようなものが身につくこともある。しかしそれはあくまで「こともある」レベルだ。

いまの子供たちは、外形的な部分だけは、お行儀良く見せる技術を充分身につけている。しかし、それだけでは評価してもらえない。優等生的な作文を書く能力があっても、「教師ウケを狙って書いているから、本心では何を考えているかわかったものではない」

などと穿《うが》った見方をされる。保護者たちのあいだでは、「あの子は、先生や親の前では愛想がいいけど、子供だけになると、すごく意地悪になるのよ」といった陰口を叩かれる。

これは、「偽善」に対する批判とよく似たパターンだ。

日頃から世間に文句ばかりつけている私のような人間が、突然、恵まれない子供たちの施設に多額の寄附《きふ》をしたら、きっと、偽善者扱いされる。「どうせ和田のことだから、何か下心があるに違いない」「やっぱり、あんな奴は信じられないよ」と。善行をしたはずなのに、かえって悪評が高まる。

逆に、「ふだんから、どこからどう見ても善人」が同じ行為をしたら、「さすが、○○さんは違う！」という称賛になって、ますます評判が良くなるのだ。

仮に、私に下心があったとしよう。下心ありきの「善行」は悪い行為だろうか。寄附したのが聖人君子だろうが腹黒い人間だろうが、お金そのものに罪はないし、価値が変わるわけでもない。それを「偽善だ偽善だ」と騒いでいると、寄附行為自体を躊躇《ちゅうちょ》する人が増える。偽善者呼ばわりされるくらいなら、余計なことはするものかと判断する。これでは、結果として、世の中が良くならない。

これが、「人間性」を重視する価値観の困ったところだ。何をするにも、結果としてのパフォーマンスより、本人の「腹の中が黒いか白いか」が判断基準にされてしまう。

精神科医や心理学者の立場から、あえて言わせてもらう。人間の「腹の中」のことなんて、本当のところ、わからない。

心理学者は、人の心を奥深くまで見通せると思われるかもしれないが、それは、まったくの誤解だ。最近のトレンドでは臨床心理学の役割は、人間の、顕在《けんざい》化している意識や行動に対処し、結果としてパフォーマンスを適応させることだとされている。誰にも本当の「腹の中」などわからない。その前提があるから、私たちは「目に見える」具体例を根拠として、日々研究を続ける。

人間心理の専門家も判断できない「腹の中」が対象だから、人間性至上主義による評価なんてひどく曖昧だ。いや、曖昧というより、客観的で公平な判断など不可能だ。

客観的な評価が可能なのは、あくまでも「挨拶ができる」「道徳やルールを知っている」「寄附をした」といった、具体的な結果だけであって、その背後にある人間性まで採点することなど絶対に不可能である。

「性能のいい子」が評価された、第二次産業時代

「人間性」に無理やり点数をつけるとすれば、周囲の人間の主観に基づく評価に頼るしかない。これは「評価」ではなく、単なる「評判」だ。

寄附をした人間が「偽善者」か「人格者」かも、とくに根拠のない世間の評判で決まる。「人間性」で評価すると言っておきながら、実は「人気」で人間の出来不出来を諮《はか》っているのだ。

繰り返しになるが、前述の「新学力観」も、こうした人間性至上主義に基づいている。何しろ、国語・数学・英語・理科・社会といった、客観的評価が充分可能な科目でさえ、ペーパーテストの点数が内申書に占める割合は、最悪たったの四分の一になってしまう。残りの四分の三は、たとえば理科の実験に取り組む姿勢が意欲的か、発表が上手か否か、などといった「観点別評価」で決まる。理科の成績が、教師の目に映る「人間性」に左右される。

なぜ日本の教育はこのような発想に支配されるようになったのか。

無論、そこには過熱した受験競争に対する批判という要因があった。しかし私はもうひ

とつ、日本の産業構造の変化がその背景にあるように思えてならない。

あれはたしか私が大学生の頃だったから、もう三〇年近く前のことになる。ある教育評論家が、「第二次産業の時代」の教育について、こんな発言をしていた。

農林漁業を中心とする第一次産業の時代に「いい子」とされたのは、すくすくと健康に育った頑丈《がんじょう》な子供だった。農業は体が資本だから、当然だ。頭でっかちな子より、たくましい子のほうが高く評価される時代だった。

しかし工業を中心とする第二次産業の時代になると、子供の「性能」を高める教育が求められるようになる。勉強のできる子、手先の器用な子、作業が正確でミスをしない子が「いい子」とされた。高性能かつ故障が少ないのが日本の工業製品のセールスポイントだが、それを作る人材も同じく、優秀な「スペック」が求められた。そのために子供が勉強に追い立てられている、という見解だった。

それは三〇年以上前の教育評論家の見立てだ。もうすでに第二次産業から第三次産業の時代へと突入している。この発想で言えば、それによって「いい子」の基準も変わったことになる。

結論から言えば、第三次産業時代の「いい子」とは、「性格のいい子」となった。それはなぜか。

サービス業を中心とする第三次産業時代のいま、機能や性能だけでは物が売れない世の中になった。

いまや、料理が美味しいだけの高級レストランに客が殺到することはない。料理自体のクオリティが低くても、インテリアや店員の接客態度といった、付加価値の高い店のほうが儲かっている。工業製品も例外ではない。日本のメーカーが世界一精度の高い時計を作っても、月に何十秒も狂うスイスの高級ブランドのほうが、高い値段で売れる。

こういう時代だからこそ、世間の求める人材が「性能のいい子」から「性格のいい子」「人気のある子」にシフトしても全然不思議はない。誰かが明確な方針を打ち出すまでもなく、産業構造の変化が、教育のあり方に大きく影響したのだ。

事実、「子供を成績や学力だけで評価すべきではない」と言われ始めたのは、七〇年代のこと。それはちょうど、日本経済が第二次産業から第三次産業へと、大きく舵《かじ》を切り始めたころだった。

なぜ、いまの子供は「スペックが良くてもダメ人間」とされるのか

「性能のいい子」は教育できる。それに対し、トレーニングで「性格のいい子」を育てるのは実に難しい。これは、第三次産業の時代であるいま、「確実に売れる商品」を容易に作れないのと同じだ。

第二次産業時代は、「安くて良い」ならそれだけで売れた。常に製品のスペックを向上させ、コストダウンを図ることが勝ちの方程式だった。メーカーが努力を傾注《けいちゅう》すべきポイントが明確だったのだ。

ところがいまの時代は、何が消費者の支持を得て売れるのか、まったく予測がつかない。似たようなスペックの商品でも、わずかなイメージの違いで売れ行きに大差がつく。

しかもこのシゾフレ化した社会、つまり「他者の目が主体である社会」には「みんなが買うものが売れる商品」という傾向がある。とにかく消費者の「支持」「人気」を、いち早く獲得することが最大の目標になる。

まさに、いまの教育が子供たちに求めるものと同じではないか。

最近の親たちは、わが子が高い「スペック」を身につけたところで、それだけでは満足

しない。開成《かいせい》や灘《なだ》のような超難関校に合格しても、「でも、うちの子は性格が悪くて友達が少ない」と愚痴をこぼす。サッカーが得意で、いつも試合でゴールを決める子でも、「もっと友達にパスを出さないとダメじゃないの」と母親に叱られる。

自分だけが活躍して友達にチャンスを与えないようでは、周囲から「嫌われる」と心配するのだ。これでは、せっかく努力して結果を出しても、子供は達成感を得られない。

かつては、結果を出した子供が、ある程度「調子に乗る」のが許された。学校の成績が上がったり、志望校に合格したりすれば、子供は「親や教師に少しぐらい反抗してもいいだろう」「ちょっとはわがまま言ってもいいだろう」と思えた。

頑張って良い結果を出したのだから、少々ハメを外してルールを破ってもいいじゃないか、という理屈だ。「勝てば官軍《かんぐん》、負ければ賊軍《ぞくぐん》」の考え方である。

大人側は全面的にはそれを認めないし、反抗すれば「いい気になるな」と注意されたかもしれない。だが、どこかに「大目に見る」部分があったのもたしかだ。このように、「性能」を高める努力に対して、素直に評価する姿勢があった。少なくとも、親や教師に反抗したからといって、「いくら成績が良くても、人間性がなってないから、君はダメ人間だ」と非難されることまではなかった。

しかしいまや、自らの「性能」を高めただけでは認められない。「ＩＱよりＥＱが大事」という誤解が世間的な「常識」として独り歩きしてしまう世の中だ。性格が悪く、人気がない子供は「いくら成績が優秀でもダメ人間」と、平気で言われてしまう。

なのに、親や教師は、「ＥＱ」や「人間性」を高めるための、教育方法を知らない。これでは子供も困惑するだけだ。何をどうすれば評価につながるのかわからないから、とりあえずは「三軍」に落ちないように、周囲と調子を合わせながら、実態のない「人気」を維持するしか生きる道がない。

工業製品なら、それで売れれば問題ない。

しかし、人間は消費財ではない。いくら「人気のある子供」を育てたとしても、これでは、教育がまともな役割を果たしているとは言えない。

「性能」が良かったから、ファンに支持された朝青龍《あさしょうりゅう》

そもそも、世間は、本当に「性能」よりも「性格」を求めているのか。

それすらも疑問だ。

教育の世界では、第二次産業から第三次産業の時代に突入すると同時に、たしかにその風潮が生まれた。しかし実社会で「ＩＱよりＥＱ」が評価されているとは、私にはとうてい思えない。

スポーツの世界に目を向けてみよう。なるほど、「勝っただけでは許さない」という雰囲気は少なからずあるようだ。

自らが起こした暴行事件によって、引退を余儀なくされた元横綱・朝青龍はその典型だろう。どんなに強くても、最後まで「横綱としての品格」を問われ続けた。

しかし（暴行事件は品格以前の問題だが）、彼が実際、大相撲ファンに総スカンをくらっていたかといえば、決してそうではない。横綱審議会のメンバーや、大相撲に詳しい識者は常に「品格」を問題視し、マスコミも批判的な論調が強かったものの、テレビ中継を観る限り、ファンは朝青龍の強さに喝采《かっさい》を送っていた。

実際、「はるばるモンゴルから来て、完璧な意思の疎通がままならない中、朝青龍の言動に対して、いちいち挙げ足をとるのはいかがなものか」という論調も多く見られた。

また、二〇一〇年に開催されたバンクーバー冬季五輪でのこと。スノーボードの代表選手の乱れた服装、および記者会見での横柄な態度が物議を醸《かも》し、選手は激しいバッシングを受けた。「国の代表という自覚がない」と、出場を辞退すべきだという意見もあった。辞退は免れたが、結果的には本番で転倒して八位に終わったため、「ほら見たことか」と思った人も多いだろう。

だが彼の場合、もしメダルを獲得していたら、マスコミは一斉に手の平を返したはずだ。バッシングから数日経って、「実は好青年だった」という報道が見受けられたのも、メダルを獲ったときに備えた伏線のようにも感じられた。

いまさらだが、仮に本番でメダルを獲ったとしたら、その瞬間、間違いなく「まあ大目に見てやろうじゃないか」「服装や言葉の乱れなど、実技に関係なかった」「いや、スノボの世界じゃ、あの格好が常識だ」さらには、「あれだけバッシングされたにもかかわらず、結果を出せたのだから、メンタル面も強い」と、大絶賛されたはずだ。

結果的に良いパフォーマンスを見せて、「性能」の高さを証明すれば、「人間性」までは、さほど問われない。

元横綱や五輪代表選手の場合、日本国の文化や名誉まで背負っている。品格や人間性が求められるのも当然という意見が多いだろう。しかし、そういう立場であっても、「性能」

さえ良ければ、最終的には周囲がそれなりに納得する。朝青龍は引退に追い込まれたが、その貢献を称《たた》えられ、多額の功労金が支払われた。

かつて、ある大物ミュージシャンが覚醒剤取締法違反で逮捕され、(執行猶予つきの)有罪判決を受けた。彼が創り出す楽曲の素晴らしさを認める声は多く、誰もが彼の逮捕を惜しんだ。そんな彼は、禊《みそぎ》を済ませたあと、見事に復活を遂げ、再び第一線で活躍中だ。もはや彼が逮捕されたことなど、覚えている人のほうが少ないのではないか。

彼の場合は、その才能のお蔭で、支持者に恵まれたから良かったものの、これが売れないミュージシャンだったら、一体どうなっていただろうか。

みんなの目標とされ、世間の認知度も高く、広く顔が知られる有名人でもそうなのだから、とくに社会的な重荷を背負っていない一般ピープルの場合、なおさら人間性を問うべきではない。最近の実社会では、「人間性」より「性能」を求める傾向が、以前よりも強くなっているように思うからだ。

子供たちは「人間性より、実力で評価される社会」にぶちあたる

　昔は、東大卒であっても、いくら仕事ができても、性格が悪いビジネスマンは出世できないものだった。

　高学歴に対する嫉妬《しっと》も手伝い、ほかの大学出身者よりも謙虚《けんきょ》な態度でいないと、すぐに周囲の反感を買い、いじめられた。ちょっとミスをしただけで「東大出のくせに」と非難され、必要以上に評価を下げられることもあった。

　ところがいまは、仕事で結果さえ出していれば、そこまで「性格」の善し悪しは問われない。もちろん東大を出たからといって能力が高いとは限らないが、ビジネスの現場では、能力の高い人間が、そこまで周囲の目を気にする必要がなくなったのは事実だ。逆に「ヒール（悪役）」を平気で引き受ける人間が、高い地位や報酬を手中にしている。

　リーマンショック後のアメリカでは、国際金融の最前線、証券会社で働くビジネスマンたちが、その高額報酬ゆえに「グリーディ（強欲）だ」と猛烈批判を浴びた。

　しかし、彼らがおとなしくなったのはほんの一瞬で、すぐに復活し、活気を取り戻した。巨額の公的資金を注ぎ込むハメになったにもかかわらず、証券会社のディーラーは、

最低保障年収一〇〇万ドルという、いたってグリーディな生活をいまもなお続けている。

これは決してアメリカだけの話ではない。日本のビジネスマンも、昔とはメンタリティが激変している。エリート層ほど「仕事ができれば高い給料を要求するのは当然」と考えるし、それが支払われないなら、いくら育ててもらった会社でも、平気で辞める。高額報酬でライバル会社に引き抜かれるといったケースは、昔の日本ではまず許されなかった。それがいまは当然の判断として受け入れられる。

そんな価値観の変化を示す典型が、CMタレントとしての織田裕二《おだゆうじ》だ。もう何年も前の話になるが、それまではNTTドコモのCMに出演していた織田裕二が、契約終了直後に、競合他社であるauのCMに登場したのだ。昔の日本なら、そんなタレントは視聴者に「裏切り者」「恩知らず」と呼ばれ、人気が急落したに違いない。

ところが彼の人気は衰えることがなく、むしろ「さすがは織田裕二だ！」と持て囃《はや》され、より好感度が高まった。その後、逆にauからNTTドコモへ乗り換えた妻夫木《つまぶ》聡《きさとし》も然りである。二人とも、揺るぎないトップの座に君臨している。義理を重んじる人間性よりも、高額のギャラで引き抜かれる実力のほうが、高く評価された例だ。

こうした状況を見る限り、学校から巣立った子供たちが参入する社会が「人間性」だけで人材を評価するなんて、到底思えないのだ。

「これからはIQよりEQ」という風潮は、一見、時代を先取りしているかのようだが、実は周回遅れのかなり古い考え方であることがおわかりだろう。

企業は圧倒的に「学歴」をアテにしている

現在の日本では、実社会と学校教育とで、その価値観に大きなギャップが見られる。第二次産業中心の時代は、それがほぼ一致していたのに。産業界は「ミスの少ない人材」を求め、学校も子供の「性能」を高める教育を施《ほどこ》していた。

ところがいまはどういうわけか、学校と家庭とが一方的に、「誰とでも仲良くできる子供に育てなければ」という強迫観念を抱き、トレーニングの難しい、いや、まったく不可能な「人間性」ばかりを追求する。

学力や学歴が人より劣っていても「高い人間性」さえあれば生きていける世の中なら、それでいい。しかし現実は厳しい。いまや企業社会は、新卒の採用にあたり、昔よりも学歴重視の姿勢を強めている。そこでは、多くの人事担当者が、「昔とは比べものにならないほど、いまは学歴がアテになる」と明言するのだ。

もちろん、あからさまに学歴で差別はできないので、出身大学の名前だけで選別することはない。どの大学の卒業生でも平等に、ペーパーテストを実施する。その点数で選別すると、結果的に出身大学のランクどおりの順番になるというのだ。

その背景には、全般的な学力低下問題もある。「ゆとり世代」という言葉が、侮蔑《ぶべつ》の意味を持ったことを反省してか、ゆとり教育の見直しがいま、急ピッチで始まっている。私に言わせれば、遅すぎるにもほどがある。

昔は全体的に学力が高かったから、二流・三流大学生でも、在学中にきちんと勉強すれば、入社試験で一流大学の学生を上回る点を取れた。しかしいまや、下位の大学の入試は定員割れのため、実質的に無試験化している。推薦入試やAO入試で合格した学生はおしなべて学力が低く、そもそも試験勉強のやり方さえ身についていない。かつてはタレントが有名大学に合格すれば、それで話題になったが、もう、「大学生である」ことの価値は、まったく失われた。

その結果、大学間の学力格差が昔よりも広がっている。以前は、東大生より勉強のできる学生は早稲田や慶應にもいた。日大や明大に、早慶の学生よりたくさん本を読む人間がいたものだ。しかしいまは、学歴（＝入試の難易度）の差が、そのまま知識量や学力の差として表われる。各企業側は公平に「能力」だけで採用試験をしているつもりが、フタを開ければ「学歴重視」で選んだような恰好になってしまう。

こういう風潮なのに、学校では「人間にとって学歴など重要ではない」と公言し、競争を否定し、正体不明の「人間性」を高める教育を行なっている。これが本当に子供のためになる教育なのかどうか、いまこそあらためて考え直す時期だ。

現在の学校教育を続けていけば、学力格差や収入格差は今後も広がるばかりだ。一部のエリート層の子息は、「人間性至上主義」的な発想とは無縁な場所、つまり学習塾で、相も変わらず受験勉強に邁進《まいしん》し競争している。

社会的な成功を手中に収めるのは、そこで「世の中が評価する能力」を身につけた者だけなのだ。

子供たちの人間性を劣化させたのは、学校教育の仕業だ

私は「人間性など、どうでもいい」などと主張するつもりはない。私も含めて誰だっ

て、我が子を性格のいい人間に育てたい、みんなから愛される人間になってもらいたいと思っている。その願望自体は決して否定しない。ただ、その曖昧な「人間性」なるものを、教育によって磨き上げるのは困難だと申し上げているのだ。

子供の学力が向上せず、社会で成功できる人材が育たなかったとしても、せめて「人間性」の高い人格者を育成できれば、その教育には少なからず意味があったといえる。その教育を学校に一任していいなら、子供の「性能」のほうは、また別の手段で磨く選択をとれる。

しかし、すでに述べたとおり、教育によって身につくのは、マニュアル的な「作法」オンリーとさえ言える。事実、これだけ親や教師が「人間性」の向上を願い、「誰からも好かれる人間」を育てようとしているのに、若者たちの人格が昔より向上したという実感は持てない。

実際、マニュアル的な作法ですら、きちんと身につけていない。その証拠に、「ご注文は、以上でよろしかったでしょうか」「一万円から、お預かりします」に代表される、おかしな「バイト敬語」が幅を利かせている。

もし、いまの人間性至上主義的な教育が成功しているなら、多くの人が「昔は性格の悪い秀才が多かったけど、最近、頭は悪いが性格のいい子が増えた」と感じるはずだ。もし、そのテーマで世論調査を行なったら、いったい何人の肯定者が出るだろうか。

むしろ、公共の場における若者たちのマナーは昔よりも悪くなり、ますます若い世代が何を考えているのかわからなくなった——というのが、多くの日本人に共通する印象だろう。電車の中で堂々と化粧や着替えをし、地べたに座ってスナック菓子を貪《むさぼ》る行為を、大人はまったく理解できない。つまり、いまの子供たちは、「IQもEQも」そろって以前より劣化しているのだ。「IQよりEQが大事」などと言っている余裕はない。

たしかに、スクールカーストの中で一軍・二軍に入れる子供たちは、それなりに他人との共感能力やコミュニケーション能力が高い。その意味では「こころの知能指数」も高いと判断できなくはない。

だが、もし彼らが本当に高い「人間性」の持ち主だとしたら、そもそもスクールカーストという差別構造が生まれるはずがない。

実力主義のスポーツチームならともかく、クラスの仲間を「一軍・二軍・三軍」に分け、その最下層の人たちを「キモメン」と呼ぶこと自体が、充分に「人間性を疑われる行為」ではないか。

しかも一軍・二軍の連中は、三軍の「キモメン」を平気で仲間はずれにし、「可哀想だ」といって助けようともしない。『いじめの構造』の著者である森口氏（前出）の観察によれば、そんな正義感を発揮して「仲間はずれはやめよう」などというと、一気に一軍から三軍へと突き落とされる恐怖があるからだ。

一軍の子供が、自らの「人間性」の高さで、その地位を得ているのではないことは明らかだ。逆にクラス全体での差別行為に加担し続けていれば、一軍の座は、ずっと維持できる。

学校が、「勉強よりも人間性」を重視する教育を行なった結果、かえって子供たちの人間性を無惨なほど劣化させてしまった現象が、いま起きている。

「嫌われる」方法だけはわかっている

それどころではない。「友達をたくさんつくろう」という目標も、全然達成されていないのである。一軍の子供は「友達が多い」のではなく、「友達が多いように見える」だけだ。スクールカーストは「人気」度のヒエラルキーだから、それは「友達」ではなく、しかも、その人気には確たる根拠がない。関西あたりの小中学校なら「お笑い」のセンスに優れた子供が人気者になるかもしれないが、そういう具体的な「取《と》り柄《え》」でもって、一軍に入るのは稀なことである。

たとえお笑いのセンスがあったとしても、一芸だけではすぐに飽きられ、最後には「あいつの物真似、キモくね？」と言われてしまう。「一発屋」芸人と同じ末路を辿《たど》るのだ。

結局のところ、「みんながいいと言うもの、みんなが買うものが売れる」のと同様に、集団心理が「とくに根拠のない人気者」を作り出しているだけだ。その対極には「とくに根拠のないいじめられっ子」が置かれている。

韓流《ハンりゅう》スターに群がる中高年女性たちも、その大半は「ブームに乗り遅れまい」としてキャーキャー騒いでいるだけだろう。ベストセラーになった書籍は、さらに版を重ねる。「売れている」「人気」の商品は、より売り上げを伸ばす。スクールカーストの一軍も、それと似たようなものだ。

要は子供たち自体が「商品」なのだ。どうすれば一軍に、人気商品に昇格できるのか、誰にもわからない。断言できるのは、ある種の「地雷」を踏めば、一軍や二軍から、瞬時に三軍に落ちるということのみ。「こうすれば人気者になれる」という方法論はないが、「こうすると嫌われる」ということだけは理解している。

だからこそ、いまの若者は何よりも「KY（空気を読まない）行為」を恐れる。これが「三軍落ち」を招く最大の原因だからだ。

日本社会には昔から「空気の読めない奴」を嫌う傾向があった。だが、それが「KY」という流行語で表現され、話題になったのには、それなりの理由がある。これまでの「空気が読めない奴」以上に、「KY」行為は、彼らにとっての死活問題でもある。想像したくないほどの深刻なダメージを与える行為に対して、より意識するようになった。

従来の「空気」は、たしかに「読む」ことを強《し》いられるものだった。だが、それは一方で社会の閉塞《へいそく》感をも表わしていた。

村八分になりたくないから「空気」を読み、言いたいことも言えず、やりたいことも我慢して生活するということは、逆に言えば、「言いたいこと」や「やりたいこと」が他にあったのだ。つまり各自が主体性を確立した上で、空気を読みながら自分を抑圧していた。

その閉塞感を打ち破るために、いつしか、「誰かにこの空気を壊してほしい」という願をかけるようになる。そして時折、その期待に応えるかのごとく、従来の空気を吹き飛ばし、新たな空気を作り出すような改革者が出現する。首相時代の小泉純一郎は、その改革の是非は別にして、「空気を読まない」ことで人気を得たリーダーの典型だ。

しかし、いまの子供たちは、自分の「本音」がどこにあるのかもわからない始末だから、周囲の空気に閉塞感を抱くほどの主体性もない。「現状の、この空気を変えてほしい」なんて思わないから、「KY」行為で人気が出ることは、まずない。

「KY」は自分を三軍に落とす「地雷」以外の何物でもない。そのため、ひたすら空気を読み続けて、周りと同調することだけに集中する。

歪《いびつ》な存在――人気者なのに、親友のいない子供たち

「地雷」を踏むことを恐れながら育った子供たちは、健全な思春期を迎えられない。前述したとおり、子供の精神的な発達には、思春期に「秘密」を共有する親友を持つことが重要だからだ。

秘密とは、「みんなには知られたくない本音」だ。そこには「真の自己」がある。往々

にして、クラスの空気とは合わない価値観が含まれているはずだ。

「KY」を避けるためには、誰にも秘密を打ち明けてはならない。うっかり「ここだけの話だけど……」と本音をもらせば、翌日には携帯メールでクラス中の知るところになる。これがいまの時代の怖いところだ。まるで、思想警察から常に監視されている監視社会である。いつ、どこで誰に裏切られるかわからないので、当たり障りのない話に終始し、みんなと調子を合わせていくしか方法がない。その結果、「人気はあるが、親友のいない子供たち」が完成する。これは思春期のあり方として、きわめて歪な形である。

本来、母子が一体となっていた時期が終わり、親から分離して一個の独立した人格を形作っていくプロセスが、思春期の概念だ。昔の子供は、友達と喧嘩をするとき、「おまえの母ちゃん、デ・ベ・ソ!」と叫んだものだが、母親への攻撃が本人への攻撃となるのは、母子が一体化しているからである。

親に隠し事をする年頃になると、もう母親を攻撃されたところで、痛くも痒《かゆ》くもない。むしろ、攻撃対象は自分の親になる。秘密を共有する親友と「うちの親は、くだらない説教ばかりで鬱陶《うっとう》しい」「うちもそうだよ。親ってホント頭に来るよな」といった愚痴をこぼし合う仲になる。

価値観を共有する親友ができ、さらにそれが少しずつ増えてグループ化していくのが、通常のパターンである。同世代とはいえ、誰もが同じ価値観ではないので、学校やクラス内にはいくつかの「親友グループ」が、派閥《はばつ》のように発生する。

当然、そのグループ間には、価値観の違いによる齟齬《そご》が生じる。小さい子供は母親を攻撃されると怒るが、思春期になると親友との一体感が強くなるため、今度は仲間への攻撃を自分への攻撃と同一視する。

そうやって社会性を身につけていくのが一般的な発達モデルだ。しかし、いまの子供は、母親と心理的な分離を終えたあとの「親友」という受け皿を持てなくなった。前述したとおり、家庭内でも「本音」を言えない、つまり本当の意味で母親と一体化できない状況に加え、学校では「ＫＹ」視が怖いため、常に「建前」でしかコミュニケーションができなくなってしまったからだ。

これでは親友などできるわけがない。したがって価値観を共有するスモール・グループも生まれない。それに代わって、スクールカーストという新たな「階層」が、子供たちをグループ化し、区分けすることとなった。

「露悪的な本音」が、真の姿を包み隠してくれる

小学校でも低学年のうちは、クラスの中に何となくスクールカースト的な人間関係があっても、とくにそれを意識しない。自覚のないまま、みんなと同じゲームで遊び、周囲と同調する。三軍の立場で、仲間はずれにされていなければ、さほどストレスを感じることもなく順応できるのではないか。

高学年になると、一軍か二軍か、自分の立ち位置が漠然《ばくぜん》とわかってくる。「三軍に落ちたくない」というプレッシャーを感じ始めるのがちょうどこの時期。さらに中高生になると、親に言えない秘密を誰にも打ち明けられないことで、さらに強いストレスを感じる。

思春期の「秘密」や「本音」は多種多様なので、すべてが喋れないものでもない。学校やクラスの雰囲気によっては、「KY」発言にならないときもある。

その点で言えば、いまの時代、露悪的な本音なら、まだ言いやすいのではないか。テレビの視聴者参加番組を観ていて、そんな印象を受けた。

そこでは、一般人のカップルが、自分たちのセックス行為をあからさまに語り、若い女性が「一週間も風呂に入ってない、臭いかも」と平気で告白していた。女子高生たちが交

わす会話や言葉遣いも、露悪的なものばかりが目立つ。

しかし、決して「真の自己」をすべて見せているわけではない。「下品な自分」「悪い子の自分」を演出し、自己を卑下しておいたほうが、周囲の空気に同調しやすいからだ。無論、それに紛《まぎ》れて露悪的な本音をさらけ出せる一面はあるだろう。

だから、「マスターベーションがやめられない」「エロサイトに熱中してるところを親に見られた」といった性的な秘密は、あまり隠す必要がない。

大人の飲み会では、猥談《わいだん》が許されるかどうかはその場の空気で決まる。日頃から露悪的な集団では、下品な話題を嫌がる人間のほうが「ＫＹ」と見なされ、「なーに、いい子ぶっちゃって」と責められる。だから学校でも、自分の恥部を面白おかしく公言できる人間のほうが、クラス内での人気を勝ち取れるのではないか。

「赤裸々《せきらら》ぶっちゃけトーク」が売りのタレントが、若者から高く支持されるのと同じ理由だ。口下手な人が、ズケズケものを言う人に憧れるように、自分が本音を出せないから、たとえほんの一部でも「本音で語ってる風」な姿を見れば、その人に憧れて自分も同化したくなるのだ。

一方、自分の進路や将来にかかわる「マジな本音」は、どんな環境下であれ、なかなか口にしづらい。よほどの進学校なら別だが、ごく一般的な学校で、真面目な顔で「実はオレ、東大を目指してるんだけど……」と言ったら最後、露悪的な空気が一気にぶち壊れ、座が白けてしまう。

そこまで前向きな本音でなくても、「成績が下がって焦っている」「志望校に受かりそうもない」といった、ごく個人的な悩みは、なかなか他人には打ち明けにくいものだ。

かつては「クラスの人気者」だった二人が犯した重罪

そんなとき、親友がいれば、自分の悩みを受け止めて「俺も同じだよ」「大丈夫だよ」「お互い頑張ろうぜ」と励ましてもらえる。失敗や挫折で気持ちが落ち込んだときに支えてくれるのが、親友の大きな役割だ。

しかし、スクールカーストの中で「人気」を保つことだけを考え、「真の自己」を隠している限り、挫折感を癒《いや》してくれる親友はできない。そう考えると、しばしば指摘される若者の「弱さ」に対して、別の見方もできる。

よく、「いまの若者は打たれ弱い」「挫折から立ち直る強さがない」「叱ると、すぐヘコんで、なかなか復活できない」といわれる。それは単に本人の気持ちの問題だけではなく、苦しいときに支えてくれる親友がいないことも大きな要因だ。

真面目な優等生が、突然凶悪な事件を起こしたとき、マスメディアはたいてい「受験の失敗による挫折感が原因」などと決めつける。私には、それが正しく犯罪心理を解き明かしているとは思えない。

そのような論調が見られた二つの事件を例に挙げよう。秋葉原連続殺傷事件の加藤智大《かとうともひろ》被告と、イギリス人女性・死体遺棄容疑で全国に指名手配され、整形手術を受けて逃亡した末逮捕され、強姦致死《ごうかんちし》、殺人容疑で起訴された市橋達也被告（前出）についてである。

加藤被告は、教育熱心な母親に厳しく育てられ、地元でいちばんの県立高校に進学した。しかし卒業後は短大に入学。その後、四年制大学への進学を希望したものの果たせず、某企業の派遣社員として働いていた。

一方、市橋被告は、父親が医師、母親が歯科医という裕福な家庭で育ち、自らも医学部への進学を目指していた。しかし受験に二度失敗。浪人後に入学した大学の夜間部もすぐに退学し、あらためて千葉大学園芸学部へ入学した。

彼らの経歴だけを見ると、たしかに受験の失敗による挫折感は小さくなかったと思う。

だが、この程度の挫折は、決して珍しくない。果たして人間はそれだけの理由で、ここまで非道な事件を起こせるものだろうか。

私が気になるのは、この二人が、ある時点までは、クラスの「人気者」だったように見える点だ。加藤被告は、中学校の合唱コンクールで指揮者を務めるほどのリーダーシップを発揮していたというし、市橋被告も、高校までは明るく活発な子供で、クラスでも目立つ存在だったと報道されている。彼らはスクールカーストでいうところの「一軍」に属する存在だったと推測できる。

二人に共通して、突如として人気を失い、一軍から陥落した時期があるのも見逃せない。成績が落ち、受験に失敗したせいで人気がなくなったのか、成績とは別の何かトラブルに遭《あ》い、一軍から陥落し、心が折れたまま本意ではない学校に進学したのか、人気を失ったせいで自信もなくして学業が疎《おろそ》かになったのか、実態はわからない。

いずれにしろ、彼らの真の挫折感に着目しなければ、あのような凶悪事件に駆り立てた、心理的な「傷」は理解できない。

勉強や受験で挫折したとしても、本人の努力次第でいくらでも「挽回が可能」だ。だいたい、否定されたのは自分の一部分、「性能」面だけのこと。「人間性」まで全否定された

2008年6月8日、東京・秋葉原無差別殺傷事件の現場
(写真/読売新聞)

のではない。それに対し、スクールカーストにおける「降格」は、人格そのものの否定である。しかも、いくら努力したところで、自分の力では人気回復など不可能だ。

どちらが本人にとってより深刻な挫折感かは、言うまでもないだろう。

「人間性至上主義」教育がもたらした最大の弊害

加えて、彼らは「親友のいない人気者」だった可能性が高いと推測する。

たとえ成績が思うように伸びず、受験がうまくいかなくても、「べつに親の言いなりになる必要なんかないじゃないか」と助言してくれる親友がいたら、まだ救いがあった。そういう支えさえあれば、挫折経験が逆に人間を強くしてくれる。

推測で恐縮だが、もし、彼らが学生時代に人格を全否定されることなく、挫折を味わっていなければ、あるいは、ひとりでも親友がいたら、もっと前向きに努力して勉強を続け、本当に自分が志望する大学に合格できたかもしれない。少なくとも、ここまでの重大事件を起こすことはなかったのではないか。

「浪人時代の友達は一生の友達」とは、よく言われるフレーズだ。それは挫折感を共有することで、お互い励まし合い、絆《きずな》が深くなるからだ。そういう人間関係を持てば、精神的にも成長する。実際、東大生を見ていても、浪人経験者のほうが、現役生と比較して、人間ができているという傾向は間違いなくある。

「親友のいない人気者」は、挫折をバネにするたくましさを持てない。スポーツ万能で成績も良く、背が高くてルックスもイケてる——という「一軍中の一軍」ほど、その地位から滑り落ちたときには、地獄に突き落とされたような、すべてを失ったような気持ちになる。もはや自分は再起不能だと思い込み、その絶望感からずっと抜け出せなくなる。

これが、「人間性至上主義」的な教育がもたらした最大の弊害だ。競争による差別化を否定して「人間性」を伸ばそうとしたのに、結果的に、子供たちの世界は「人気至上主義」に覆われることとなった。人間性が人気で語られるという錯覚があるからこそ、「人気」を失ってスクールカーストの下位に落ちると、子供たちは自分の人間性が全否定されたと感じてしまう。

もちろん、彼らの行動は、同じような境遇にいる人の中でも象徴的な暴発であって、例外中の例外であることは確かだろう。しかし、彼らの追いつめられた心理状態と、そう変わらない状態の人間が少なくないように思えてならない。

「人気がない」＝「最低な人間」

「人気」と「人間性」とが必ずしもリンクしないのは、芸能界を見ても明らかだ。バラエティ番組で大活躍し人気ナンバーワン司会者だった人は、かつて漫才コンビを組んでいた相方を見捨てたような人物である。ひどく惨《みじ》めな生活を強いられていた相方が亡くなったときは葬式で号泣して見せたが、いくつかの周辺情報を聞く限り、私にはあれこそ「偽善者」として非難されるべき態度のように見えてしかたがなかった。彼にも彼なりの言い分はあると思うが、傍《はた》で見ている限り、「人間性が高い」とはとても思えない。結果的に暴力団との交際疑惑で引退に追い込まれることになった。

そんな彼は多くの視聴者の支持を得て、レギュラー番組を何本も持ち、いずれも高い視聴率を叩き出していた。番組発のキャラクターを次々とプロデュースし、数多くのヒットを飛ばし、彼が推薦する人物や商品にまで、人気が集まっていた。誰が見ても「人気ナンバーワン」の座は盤石《ばんじやく》で、ほかに譲ることは当分ないだろうと思われた。

しかし、人気は移ろいやすい。ビートたけしさんのように、事件を起こして逮捕されても、ついてくる子分がいればいいが、仲間うちからの人望がなく、視聴率だけが頼みの人気者は、内心ではビクビクしながら仕事しているかもしれない。「人間性の低い人気者」の取り巻き連中は、人気凋落《ちょうらく》と同時に逃げていくものだ。「親友のいない一軍」と同じで、ひとたび挫折すれば二度と立ち直れなくなる。実は文庫版になる前の本書でこのようなことを書いていたら、その予想が的中してしまった。一軍から三軍に落とされたその芸人は復帰のメドが立っていない。現代を象徴するような「事件」だった。

芸能人の場合は、たとえ人間性が伴わない人気でも、それが収入に結びつく。また、挫折したとしても、才能と努力次第で復活が可能なこともある。逮捕歴のあるタレントが、猛省し、禊《みそぎ》を済ませて、見事にカムバックし、人気を取り戻した例もある。過去の栄光をかなぐり捨てて、裸一貫で努力する姿に同情が集まるからだ。そういえば、泥酔して捕まった前出のタレントも、問題なく復帰し、ドラマに映画にＣＭに、八面六臂《はちめんろっぴ》の活躍を続けている。

しかし子供たちの場合、学校で周囲の人気を得てスター（＝一軍）になっても、何も得るものがない。一軍でいることのメリットは「仲間はずれにならない」くらいだが、それは「ほかの誰かを仲間はずれにしている」から成り立つことだ。

もし三軍に陥落し、這い上がろうと必死に努力したところで、周りから「あいつ、頑張りすぎてて痛い」と馬鹿にされるのが落ちだ。頑張っても何も報われないから、まったく救いがない。

教育的見地から見て、それが子供にとってプラスになるとは到底思えない。少なくとも、「人間性」はまったく身につかない。

そこには、「人気がない＝最低な人間」という図式しかないからだ。

第5章

若者たちは、なぜ未来に希望が持てないのか

大学が高校化している？　クラスにしがみつく意識

ところで、若者たちは、一体いつまでこのスクールカースト的な「人気至上主義」に、つきまとわれるのか。

大人世代なら、自らの経験に照らして、「高校卒業まで」と考える。大学では、各学生がバラバラに授業を取るため、一日中、同じメンバーが同じ教室で過ごすことがない。そこには「クラスの一体感」など存在しないから、一軍・二軍・三軍という「カースト制度」など、成立しないはずである。

しかし、いまの大学の雰囲気は、以前とはかなり趣《おもむき》を異にする。授業にあまり出席しなかった昔の大学生は、クラスへの帰属意識が低かった。ところが、そんな私たち世代から見ると、異様なほど授業の出席率が高いのがいまの大学の実情だ。そのため、高校の延長のような雰囲気の大学ばかりである。いつも同じ顔ぶれで過ごすため、クラスの一体感も強い。昔の大学生には「オレはオレで勝手にやる」、いわば「メランコ人間」流の自立心があったが、それはごく少数派になった。

そういう環境では、やはりクラスの「空気」を読むことが要求される。さすがに教授が

「みんな仲良くしよう」とまでは言わないし、中高生のような露骨な仲間はずれもなくなるだろう（これもあるという話を聞いている）が、社交能力やコミュニケーション能力が低く、クラスの空気に同調できない学生は、やはり居心地が悪い。「友達がいないと思われたくない」プレッシャーも依然として強い。

そんな中、全国各地の大学で「便所飯禁止」の張り紙が発見された。この報道に際して、旧世代は「学食で、ひとりで食事するのが、なぜそんなに恥ずかしいんだ？」と不思議に思っただろうが、そこで、クラスがバラバラだったころの大学をイメージしてはいけない。

「高校化した大学」では、キャンパス内で学生が単独行動すること自体が少ない。「ひとりで食事」するのは、昔よりもはるかに目立つ行為となる。だから、ひとりで学食に行けなくなるのだ。

いまの若者は、大学入学後も「人気」が気になってしかたがない。スクールカースト的な人間関係から解放されるのは、大学を出て会社に就職してからだ。そこで初めて、「人気」ではなく、仕事の「実力」や「能力」で評価される立場になる。しかし、会社に入ってもなお、人気を気にする人は決して少なくない。

入社後も、学生時代の癖を引きずるOLたち

前述したように、入社後の人間関係でストレスを抱えるのは、女性のほうが多い。一般的に、男性は実力主義的な世界で仕事のことだけ考えていればいいが、女性はなかなかそうもいかない。「一匹狼」的な生き方がしづらいからだ。

男性の多くは一人で旅するだろうが、女性はたいてい「仲良し三人組」旅行である。いわゆる「オタク」の場合も、男性のほとんどが単独行動をとるのに対して、女性は数人でつるむのが普通だ。そもそも女性には「隠れオタク」も多い。

常に「連れ」はそばにいてほしい。しかし、会社に入ると、子供のときから大学まで馴染んできた人間関係のつくり方が通用しなくなる。個々の相手との関係性が重要になるので、全体の「空気」に同調し、広く浅く人気を保つようなつきあい方をしていては、いつまでたっても「友達」ができない。多数の従業員を抱える大会社ほど、「すぐ近くにいる同僚」との関係が要《かなめ》となる。

職場では、「真の自己」を出し、価値観の近い相手を見つけ、本音や秘密を共有しないと、すぐに辛くなる。だが、それまで「親友」を持った経験のない人間にとっては、これ

が何よりも難しいことだ。年配の上司はまったく理解できないだろう。こうして、入社当初は、友達がひとりもいない職場で、相当な孤独感を味わう人が多い。

そのとき、たまたま先輩や、同期入社の社員に「一緒にランチでもどう?」と声をかけてもらえれば救われる。中には社内派閥を強化したいという下心で声をかけてくる人間もいるかもしれないが、何であれ特定のグループに仲間入りできれば、まだ精神的には落ち着くはずだ。

スクールカースト内でずっと一軍だった人なら、それなりに「嫌われない自分」に自信があるので、自分から誰かに声をかけることもできるだろう。

しかし、常に「三軍落ち」を恐れてビクビクしてきた「二軍」は、まだどういう「空気」なのか読めない集団の中では、またよく知らない人に対しては、迂闊《うかつ》に他人に声をかけるなんて怖くてできない。そういう状態のまま、先輩や同期から声がかからなければ、いわゆる「おひとりさま」化してしまう。

ここでの問題は、友達のいない「おひとりさま」が、「自分はこの会社で三軍になってしまった……」という、誤った自覚を持ってしまう危険性があることだ。

会社は「仕事ができるか否か」を重視する集団だから、友達がいようがいまいが、人間的評価にはまったく影響しない。一軍〜三軍という、人気によるヒエラルキーとも無縁な場所だ。

ところが、長らく「人気至上主義」の世界で育ってきた人間は、スクールカースト時代の習性がなかなか抜けない。そのため、人気など気にする必要がないのに、「友達がいないのはダメな人間」と思い込み、自分を勝手に最下層の三軍扱いしてしまうのだ。

そうやって、新しい環境に馴染めないと、仕事にも身が入らない。過酷な就活を経て、せっかく入社した会社なのに、夢も希望も持てなくなってしまう。

もっと最悪なことに、そういう心理状態を、会社の上司に理解してもらえないのだ。結果的に、「やる気が見られない、消極的な新人」という烙印を押されてしまう。

「深い関係」になれるのは、同性の友達より異性の恋人という錯覚

会社の人間関係に馴染めない新入社員は昔から存在した。それが五月病の大きな原因でもあった。辛い現実だが、会社の外に心を許せる世界があれば、さほど深刻な問題にはならない。かつては、学生時代の同級生を呼んで集まり、各々《おのおの》が会社の愚痴をこぼし合う

――のが、新入社員のよくある姿だった。

しかし、大学までスクールカースト的な環境で過ごした「自称・三軍」は、どの時代の同級生と集まっても、愚痴をこぼせる親友がどこにもいない。そもそも本音のつきあいができないから、会社でも困っているのである。

社会人になってすぐ「脱スクールカースト」に失敗した女性は、人間関係の面で極めて生きづらい状態に追い込まれる。いささか唐突に聞こえるかもしれないが、いわゆる「婚活」ブームの背景には、そんな心理的要因もあるのではないかと私は見ている。

もともと二〇代の女性は、意外と会社外での新しい友人関係を結びづらいものだ。「アラサー」や「アラフォー」になってしまえば、料理教室やフィットネスクラブで知り合った人と友達になれるが、それまでは同性との出会い・交流が少ない。

そこで目を向けるのが、「異性」との出会いだ。

いまの若い人たちにとって、たとえ錯覚でも「深い人間関係」をつくりやすいのは、実は同性より異性のほうだ。なぜなら、同性同士で「親友」になるには、何度も繰り返して言うように、「真の自己」をさらけ出して本音の会話を交わし、秘密を共有できるまでのプロセスが必要で、スクールカースト世代にとっては、かなりハードルが高い。

一方、男女が「深い仲」になろうと思えば、そのハードルをクリアするまでもない。昔の恋愛なら、まずお互いが本音で語り合うことから始まり、その先に信頼関係の証としてセックスがあったが、いまは違う。心の交流という段階をスキップしてでも、とにかくセックスさえしてしまえば「彼氏／彼女」の関係になれる――というのが、本人たちの主観的な認識だ。

もちろん、客観的に見ればこれは単なる「セックス・フレンド」でしかない。むしろ人間関係のあり方としては極めて浅いものだ。だが、少なくとも本人たちは、それを「深い関係」だと錯覚してしまう。

「婚活」が、いとも安直に、システマチックに進む理由

昔の恋愛におけるセックスとは、男性が女性を「所有」するために通過しなければならない儀式のようなものだった。自分の男としての値打ちをアピールし、お互いのことを理解し合った結果、ようやく身体を許してもらったとき、男性は相手の女性を「自分のモノにした」と錯覚した。

しかしいまや、セックスにいたるまでの「恋の駆け引き」的なプロセスは、すっ飛ばされている。だから男性はその達成感を得られない。昔はある意味で「ゴール」だったセックスが、いまは恋愛の「スタート」地点へと変わってしまったのだ。

いまは女性のほうが、セックスをきっかけにして、男性を「所有」するようになる。相手のことをろくに知らぬまま、ただ寝ただけで、突如として変貌し、「女房面《づら》」するのだ。男性の携帯電話を取り上げ、勝手にメールや着信履歴を見て、浮気の証拠がないかチェックするのは当たり前。少なくともテレビで若者の生態を観るかぎり、「セックスしたんだから、それぐらい当然の権利、いや義務」というのが、若い女性の常識だ。それればかりか、「彼氏の携帯見ないなんて、どんだけ自信過剰なのか」という論調である。

もちろん、そこにはテレビ的な演出もあるだろう。しかし、たとえ真実でなくても、都市伝説が生まれること自体に意味があるのと同様、そこにいくらかの演出や誇張があったとしても、そういう生態が描かれるようになった以上、その背景にある実態にも、それなりの変化が生じているはずだからだ。

私ぐらいの世代なら、たとえ夫婦であっても、相手の携帯電話を勝手に覗《のぞ》くことには大きな抵抗を感じる。よほど浮気の疑いが濃厚でない限り、隠れて見ることもしない。相手の手から奪い取って見るなんて、すでに離婚を覚悟したときでもないと、絶対にできない。

それがいま、単に「セックスした」だけの男性を、女性が厳しい管理下に置いて支配するようになった。そうせずにはいられないほど、女性が異性との「深い人間関係」を強く求めているということか。あるいは、相手の本音がわからない故の、人間不信の裏返しなのかもしれないが。

実際はお互いの内面について何も知らないから、決して深い関係とはいえないが、錯覚でもかまわない。だから、セックスしただけで、すぐに女房面できる。いわば「恋愛ごっこ」みたいなものだ。

周囲に本音を見せないスクールカースト世代にとって、「親友」はある種の夢物語になっているという話をした。異性との「深い心の交流」も、おそらくイメージの世界にしか存在しない「憧れ」のようなものではないか。だから、とりあえずセックスという「形式」が整えば、そこに「深い交流」があるかのように錯覚する。

女性が男性の浮気に厳しいのも、お互いに束縛し合っていないと、恋愛の「形式」が崩れると心配し、不安になるからではないか。本来「深く愛し合っているから、浮気は許さない」はずだが、それが「浮気を許さないから、私たちは深く愛し合っている」という形に、すっかり逆転している。

彼氏の携帯は絶対に覗かない、という人も中にはいる。その心理は、「彼氏は私に夢中だから、浮気するはずがない」という自信過剰からくるものではなく、単に浮気の事実に直面するのが怖いからだ。「いまのところ、彼氏が浮気している証拠は見ていない。だから証拠はない」という状態を維持しているだけ。そして、「証拠がないから、彼氏は浮気していない」「だから、私たちは愛し合っている」という理論展開となる。

そう考えると、昨今の「婚活」が、非常に安直な、システマチックな形で行なわれていることも理解しやすい。

年齢、身長、収入などの条件をインプットすれば、自動的に「理想の相手」が見つかる――という表現は極端すぎるかもしれないが、まるで「就職活動」のような、お決まりの段取りを踏んで結婚にいたる昨今の風潮に、眉をひそめる向きは多い。

しかし、若い女性たちは「形式」を整えることで「錯覚」を得ようとしている。それでいえば、システマチックな「結婚活動」は、本人たちにとって、いたって楽で自然な流れだということだ。

「老後が不安だから」お金を遣わない二〇代

二〇代女性が、結婚を焦って「婚活」に精出す背景には、「経済的不安」という現実的な要因も存在する。

かつては「独身貴族」という言葉があったくらいだから、仕事を持つ女性は、結婚しなくてもかなり贅沢な暮らしができた。とくにバブル時代は、男女雇用機会均等法がスタートしたこともあり、多くの女性が「結婚」を脇に置いて「キャリアウーマン」を目指したものだ。結婚して専業主婦になると可処分所得が減るので、「三〇歳を過ぎるまではもったいないから結婚したくない」と願う女性が多かった。

しかしいまのように不景気が長く続くと、そうは言ってもいられない。「優雅で楽しい独身OL生活」はもはや幻だ。早く結婚したほうが、豊かで安定した生活ができる。その上、専業主婦になれば、馴染まない職場からも脱出できるのだ。ついでに言うと、専業主婦になれればランチメイト症候群からも脱出できる。

ところで、OLの給料がバブル期とくらべて激減したかというと、決してそうではない。少なくとも正社員の例でいえば、昔と大して差はない。昔のOLは「毎日一二〇〇円もするランチなんか食べやがって贅沢だ」と非難されたものだが、実際に毎日食べたとしても、月二〇回として二万四〇〇〇円の出費だ。別に無理しなくても、いまのＯＬだって、そのくらいのランチは食べられる。

ところがいまのＯＬたちがランチにかける費用は、激減している。コンビニで三〇〇円前後の食糧を調達したり、自分で弁当を作ったりしているのだ。別に貧乏だからではなく、不景気でみんなが生活費を切り詰めている状態、いわば「世間の空気」に合わせているのだ。さすがに「ＫＹ」を何よりも恐れるスクールカースト世代だけあって、ひとりで贅沢な生活をしている姿なんて、絶対に見られたくないのである。

彼女たちがお金を遣わない理由は、それだけではない。「いつまでもＯＬ生活を続けてはいられない」という不安も強い。

ＯＬに限らず、いまの二〇代の若者は、恐ろしくお金を遣わなくなった。高級車、ブランド物の洋服や靴にはまったく興味を示さず、ランチ代をケチって、せっせと貯金に励む。すべては将来が不安だからだ。

しかも、その「不安」はいまの三〇代や四〇代が想像するレベルを超えている。

私は、二〇代の若者たちに「なぜ、そんなにお金を遣わないの？」と質問してみたことがある。その答えを聞いて、仰天《ぎょうてん》した。

「老後が不安だから」

決して少なくない数の若者が、口を揃えてそう言うのだ。

たしかに、この国の財政を考えれば、彼らが老後を迎えたとき、年金がちゃんともらえるかどうか、かなり怪しい。その意味では、不安になるのは当然だ。

だが、彼らの「老後」は、はるかかなた、四〇年後の話だ。あと一〇年かそこらで定年を迎える年代ならともかく、二〇代の若者が、いま恐れてもしかたがない。

「異様に心配性」な二〇代と「異様に楽観的」なバブル世代

ふつう、その年齢、二〇代で抱く不安とは、目の前の仕事をどうすればうまくこなせるか、何をしたら異性にモテるか、夏休みの旅行資金をどこから捻出《ねんしゅつ》するか――だいたいそんなところだろう。いずれも、現実的に、自分の目の前に立ちはだかっている問題が最優先となる。

四〇年後に備えて貯金するのは、「計画的でしっかりしている」というより、むしろ

「妄想的で危うい」とさえ言えることだ。神経症の患者は、しばしば妄想レベルの不安を、あたかも現実であるかのごとく錯覚するが、その世界に通じるものがある。

このあたりの感覚は、いま四〇代のバブル世代とのあいだにも激しいギャップがある。二〇代の女性が、せっせと「婚活」に励むのとは対照的に、中高年世代の独身が増えている。基本的に、バブル世代は、「将来の不安」を考えないようにし、「いまの気楽さ」を追求する傾向があるからだ。

結婚後、半永久的に束縛されるより、いまこの瞬間を、自由気ままに楽しく暮らしたいと願うのがこの世代の特徴だ。将来のことは「まあ何とかなるだろう」で済ませるから、まったく焦りがない。いくつになっても「自分はまだ若い」と思い込む。アラフォーの女性たちは、とくにそれが顕著だ。

いつまでも若者気分だから、四〇代半ばを過ぎ、そろそろ老後の心配をしてもいい年代になっても、相変わらず金遣いが荒い。独身中高年の中でも、やや堅実な人なら、マンション購入に踏み切ったりしているが、それさえしない人も多い。「いつ気が変わるかわからないし、もっといい物件に出会えるかもしれない、それに、今後もデフレは続くだろうから、いま固定資産なんて必要ない」という言い分である。いまの二〇代が「異様な心配性」なのと対照的に、こちらは「異様に楽観的」なのだ。

バブル世代が子供だったころの日本は、敗戦のショックから立ち直り、高度経済成長の真っ直中にあった。国全体が上昇気流に乗っていた。そういう環境だから、「これからは、もっと幸せになれる」「今日より明日はもっと良くなる」と、誰もが信じることができた。「頑張れば何とかなる」と、未来に希望が持てた時代だ。

努力次第で、未来は切り拓ける。「自分」が主役のメランコ人間が増えるのも、そういう社会の特徴だ。

だから子供たちも、みんなに合わせて自分を押し殺すことはなかった。人におもねることなく本音をぶちまければ、「ユニークな発想だ」と褒められた。もし、自らの発言で仲間はずれにされたとしても、「自分が頑張れば、絶対に未来は変わる」と信じて疑わない。だから、「現在の苦境」はさほどこたえない。「いつか一発当てて、偉くなって、いじめた奴らを見返してやる」と、未来の逆転劇を確信できたからだ。実際にそれが可能だった。

そもそも自分をいじめるような連中を「仲間」なんて認める必要もなかった。だから、仲間はずれなんて、一向に気にしなかった。

格差社会のいまだからこそ、夢も希望も持てるはずだ

逆に、努力が報われることを信じられない社会では、シゾフレ人間が増える。シゾフレ人間は、「過去」や「未来」に対して、ほとんど意識を向けない。影響も受けない。目の前の「いま」がすべてだからだ。自分に主体性がなく、行動も「いま起こっていること」に左右される。だから発言内容がコロコロ変わるのだ。

統合失調症患者の「妄想」がその状態である。昨日まで「太陽は地球の周りを回っている」という妄想にとらわれていたのに、今日になると「実は、太陽が回っているのは土星の周りだ」という幻聴が聞こえる。常に新しい妄想に心が奪われ、それを信じるのがこの病気の特徴だ。それまでのことはどうでもよくて、すべてが「いま、聞こえる幻聴」にかかっている。

国全体が下降モードに入り、未来に希望が持てない中、「いま」にとらわれるのはしかたのないことだ。そんな時代の子供にとって、「いま、自分が仲間はずれになっている現実」は大変な恐怖だろう。何しろ自分の努力だけではどうしようもないので、いまの状態が永遠に続くような気持ちになってしまう。

実際、いまの日本は、子供たちにとってそう希望の持てない国でもない。バブル崩壊後には「ITバブル」があり、そこで思い切ってチャレンジした若い起業家の中には、ごく短期間で億万長者になった「IT長者」が続出した。それは、高度経済成長時代の日本でも考えられなかったような、桁《けた》はずれの大成功だった。

昔はみんなが漠然と「未来は必ず良くなる」と感じてはいたが、若くしてそこまで大金持ちになる人間など皆無だった。その意味では、いまのほうが、より大きな夢を持てる時代だと言える。

たしかに、格差は広がっている。だが、格差社会は「負け組」には冷たいものの、「勝ち組」には極めて温かい。野心さえあれば、希望がふくらむ社会なのだ。

ところがいまの子供たちは、IT長者の成功例をいくら目にしたところで、「よし、自分もあの人を目指そう」とは思わない。そういう野心を持つのは、ごく少数派だ。大多数の子供たちは、「明日の自分」に、何の期待感も抱かない。

このあたりは、政治が負う責任も大きいだろう。

もともと借金まみれの国家財政。年金も期待できず、未来に希望の持てない状態が続いている。その上、政権交代がようやく実現したにもかかわらず、民主党政権は期待外れに近い結果に終わった。政権交代後、円安と株高で好景気のような印象を与えているがお金持ちには富をもたらしても、若者に夢を与えているとは言い難い。

政権交代が続いてもこの程度、という現実では、ますます若い世代が希望を失う。もう打つ手がない、という気にもなる。

民主党政権発足当時、「事業仕分け」第一弾では、「二位じゃダメなんですか？」と、世界一を目指していたスパコン開発を否定する発言が飛び出し、一気にモチベーションを下げてしまった。子供にはとてもわかりやすい「科学立国」という夢をあっさり壊してしまうのだから、お話にもならない。

若者が贅沢《ぜいたく》しないのは、贅沢を知らないからだ

そんな先行きの見えない社会情勢の中、四〇代でも「もうバブルなんか永久に来ない」と悲観する人もいる。アベノミクスでは、「東大入試の抜本的改革」が公約にも打ち出されていた。それに呼応するように東大が面接重視の入試を打ち出した。しかし、それが今の時代の人気、人目を気にする子供を、さらにトップ校にまで広げてしまう危険は、まっ

たく考慮されていない。

しかしこの世代の場合、そうは言いながらも、心のどこかで「きっと、何とかなる」と呑気にかまえているところがある。甘いといえば甘いが、極端な話、「最悪でも生活保護がある」と開き直るぐらいの気持ちは持っていると思う。いくら経済がダメになっても、「健康で文化的な最低限度の生活」を保障した憲法第二十六条が守られる以上は、途上国レベルの暮らしになることはないだろう、とタカをくっている。

それで貯金もせずに脳天気なお金の遣い方をし続けるのもいかがなものかとは思うが、こんなふうに開き直ってしまえば、少なくとも精神的に楽なことは間違いない。二〇代のうちから老後の不安に怯えて「婚活」に走ることもない。仮にいまの「おひとりさま」状態が長く続いたとしても、「いずれ、どうにかなる」と思えれば、それなりに楽しく毎日を暮らすことができる。

いまの三〇代や四〇代の場合、たとえ結婚しても、離婚して「おひとりさま」になることをあまり恐れていない。しかし若いカップルは、セックスから始まるような恋愛をしているから、別れるときも簡単か、と思いきや、意外と結婚後は堅実な夫婦生活を営む。その上の世代には、結婚後も「もうちょっと遊んでいたい」と考えて、すぐに子供を持たない人が多かったが、いまの若者たちは比較的早く子供を産み、驚くほどつつましい生活をしている。

　母親になったらなったで、今度は理想の母親像を追い求める。母親になったタレントが、仕事と育児を両立しているのに加え、「ママになってもおしゃれでキレイ」な姿を見て、カリスマだと持て囃《はや》し、憧れるのだ。

　主婦向け雑誌の主なコンセプトは、「子供をどう育てるか」だったはずが、最近では「いかにして、子供をきちんと躾《しつ》け、さらに子供がいるように見えないことを目標に、自分も美しさを維持し、決して所帯じみることなく、ママ友と仲良く情報交換し、なおかつ節約上手で、できる主婦と呼ばれ、夫の愛情を得るか」という具合に、達成すべき目標が増え、求められる「理想的な母親像」のハードルが一気に上がっている。それらを完璧にこなそうとすると、へとへとになってしまうのではないか、といらぬ心配をしてしまう。

　彼らが「もっと遊びたい」「贅沢に暮らしたい」と思わないのは、そもそも経済的な豊かさを、実体験として、よく知らないせいもあるだろう。

　二〇代でバブルを味わった世代と、物心ついたときにはすでに「失われた一〇年」に突入していた世代とでは、同じ日本人とはいえ、知識としての豊かさに雲泥《うんでい》の差がある。

若い世代の多くは、「寿司屋」と聞けば即座に回転寿司を思い浮かべ、焼き肉は「牛角《ぎゅうかく》」で食べるものだと信じている。バブル世代は、自分がユニクロの洋服を買うなんて信じられなかったし、ファストファッションに対して、いまだに抵抗がある人もいるだろう。しかし若い世代は一向に気にしない。それどころか、流行の最先端だと思っているフシもある。実際、最近は中学生の女の子が親に「ユニクロに連れてって」とせがむほどだという。そこでの買い物が、すでに「贅沢」行為なのだ。

昔は誰もが憧れ、誰もが持っていたルイ・ヴィトンのバッグの需要があるのは、いまやキャバクラあたりで働いている女の子ぐらいではないか。私たちの世代が若いころは、少しはマシな恰好をしようと思えば最低でも五万円ぐらいはかけたものだが、そんな感覚はいまの二〇代には信じられないだろう。

バブル期には「笑っちゃうほど売れていた」海外の高級人気ブランドの数々が、日本からの撤退や、店舗規模の縮小を余儀なくされている現状だ。

もちろん、若造が無理に背伸びをして高い洋服を着るのも、高級車を乗り回すのも、決して褒《ほ》められたライフスタイルではない。だが、あまりに現実的すぎるのも考えものだ。

若者が金を遣わなければ、社会の経済はますます縮小する。その結果、さらに若者が希望を失って倹約に走るという、悪循環に陥るのだ。

子供たちの「絶望」を生んだ最大の元凶とは?

将来に希望の持てない貧しい生活でも、せめて昔の貧乏長屋のように、隣近所とのふれあいがあり、日々人間のぬくもりを感じられるのであれば、まだ最低限の救いはある。苦労や不満はあっても、仲間と集まって飲み明かしたりすれば憂さ晴らしができる。

そんな「心の豊かさ」を求めたからこそ、人間性至上主義的な風潮が生まれたのだろう。しかし現実にはそれが人気至上主義へと変化し、ぬくもりとはまったく無縁な、スクールカースト制度というモンスターを生んだ。深く心を通わせない環境で育った世代には、もはや「仲間と飲み明かす」という文化もない。

実際、いまの二〇代は居酒屋に腰を据えて酒を飲むことをほとんどしない。外で飲むとしても、仕事帰りに喫茶店に毛の生えたようなバーやカフェに立ち寄り、一杯だけ飲んで帰る程度だ。いくらスクールカースト世代とはいえ、中には仲間とワイワイやりたい人間も少しはいるはずだが、何しろ老後が不安なのでそんな無駄遣いもできない。その前に、周りがそうしないのだから、わざわざひとりで行動する勇気もない。「経済的な豊かさ」から「心の豊かさ」への転換を一気に図ったものの、結局はどちらも失ってしまったわけだ。

バブル崩壊後の日本では、経済発展ばかり追い求めてきたことへの猛省から、いわゆる「物質文明」を否定する流れが生まれた。物質的な豊かさよりも、精神的な豊かさのほうが大事だ、という視点だ。例の「IQよりEQが大事」と、似た発想である。

いまにして思えば、これが子供たちから夢や希望を奪う元凶だったような気がしてならない。バブル崩壊の痛手があまりに強烈だったせいで、大人たちは「物質的な豊かさを求めるのは悪いことだ」と必要以上に反省しすぎたのだ。

しかもバブルの後始末に追われて日々多忙を極め、自分自身のクビがつながるかどうかもわからない状態。不安でいっぱいだった。そのために気持ちの余裕がなくなり、子供たちに「夢のモデル」を見せられなかったのだ。

バブル時代の子供や若者は、たとえばテレビドラマを観ているときでも、「すぐ手の届きそうな夢」に憧れた。

それこそ「くだらない物質文明」の象徴かもしれないが、トレンディドラマで描かれるちょっとリッチなライフスタイル（たとえば、東京湾岸、いわゆるウォーターフロントに位置する、4LDKの夜景がきれいな高層マンションに住み、カタカナ職業に就き、颯爽《さっそう》と外国車を乗り回し、見栄えのいい恋人と、ドンペリで乾杯）をカッコいいと思い、「いつかは自分もあんな暮らしがしたい」と夢を膨《ふく》らませていた。

ところがいまは、テレビも、そういう夢を与えない。ひな段芸人がしゃべくり倒すバラエティ番組ばかり。そこで貧乏自慢や病気自慢をされても困ってしまう。そこには希望も、夢もない。

余談をひとつ。メランコ人間は、ドラマに集中し、登場人物に感情移入できるから、そこで描かれる世界に憧れることができるが、シゾフレ人間は、架空の世界に没頭することもなく、他人とも広く浅いつきあいを好むので、お笑い芸人が入れ替わり立ち替わりで登場するバラエティ番組のほうが性《しょう》に合う。これまた、以前の自著で私が述べたことだが、まさにいまの時代の若者の、シゾフレ化現象を表わしている。

一時はテレビでも、ヒルズ族に代表される、超リッチなセレブ生活を盛んに取り上げてはいたものの、それは視聴者にとって「手の届かない別世界」の話だった。

しかもホリエモンこと、堀江貴文《ほりえたかふみ》氏のように、ちょっとでも子供に夢を与える成功者が登場したかと思うと、たちどころに捕まってしまう。出る杭は打たれてしまったのだ。結局のところ、「ほら見ろ、精神的な豊かさを持ってない奴は、ああいう目に遭うんだ」となってしまう。誰が一体、堀江氏が精神的に豊かでないなどと決めつけたのだろうか。これで、物質文明を否定する考え方がますます強化されてしまった。

野心がなく現実的な若者たちが、国の経済成長を阻害する

子供たちに夢を提示してこなかったツケは、きわめて大きい。せめてその一方で「精神的な豊かさ」の何たるかを明確に伝えられれば良かったのだが、それ自体が曖昧で、よくわからないものだから、誰も説明できなかった。ひたすら「みんな仲良く」と唱えながら、競争自体を否定するだけだった。

さらに追い打ちをかけるように「いくら東大を出たところで、入った会社が潰《つぶ》れることもあるぞ」「医者が余っているいま、わざわざ苦労して医学部に入ることはない」などと夢を壊すようなことばかり言いふらし、「ガツガツ勉強しても、たいしてろくな人生にならない」というイメージを子供に植えつけた。

その結果、子供たちは極めて現実的な選択をするようになってしまった。一部の名門大学を除いてほとんどの大学が定員割れする中、看護学部をはじめとして、医療系の大学や学部がたいへんな人気を集めているのも、その証拠だ。看護師や介護士などの資格を取って、堅実に生きていこうとする若者が増えているのが現状である。

もちろん、それはそれで本人にとっては決して悪いことではない。しかし社会全体の活力を考えるなら、若い世代が野心を持たず、いたって現実的な道ばかり選択するようになるのは問題ではないか。

「堅実な生き方」といえば聞こえはいいが、それは一歩間違えると「ひたすら現状を受け入れて、それに満足する生き方」となる。格差社会の中で「負け組」でも満足できる人間ばかりになったら、その社会の活力が上向くことなど有り得ない。

そういう消極的な生き方を「精神的な豊かさ」という言葉で誤魔化してきたのが、バブル崩壊以降の大人たちであり、現在の学校教育だ。

経済的には貧しくても、精神的に豊かな生活ができれば理想――とは、まさに「誰も反論できないキレイゴト」だ。しかしよく考えてみてほしい。「IQ」と「EQ」が相反するものではないのと同様に、「経済的な豊かさ」や「物質的な豊かさ」も、「精神的な豊かさ」と両立する。仙人のような生活をしている人だけが「精神的に豊か」ということはない。

もし「精神的な豊かさ」を強調する教育をすべき局面があるとしたら、それは高度経済成長時の日本のように、誰もがガツガツと、物質的な豊かさだけを追い求めている社会だ。放っておいても仲良くする人たちに「和」の大事さを説く必要がないのと同じく、放っておいても貧しさを受け入れる人たちに「金儲けのことばかり考えるな」と指導してもまったく意味がない。

ところが、日本では、ただでさえバブル崩壊で、世の中全体が金儲けにウンザリしてしまっていたにもかかわらず、経済的な豊かさを知らない子供たちに対して、「ガツガツするな」「貧乏でも不平を言わない」という教育がずっと行なわれてきた。これでは、ただひたすら国の経済成長を阻害するだけだ。

「物質的な豊かさ」と「精神的な豊かさ」とは両立できる

私が留学中の九〇年代前半、そのころのアメリカは、いまの日本とよく似た状況だった。ニューヨークやロサンゼルスなどの都会は派手だったかもしれないが、私の滞在したカンザス州のような地方都市の庶民の暮らしぶりは、実に地味。若くして結婚するカップルが多く見られた。

お金がない彼らが、「今日は外食っ」と嬉しそうに出かける先は、日本でいうファミリーレストランのようなところ。着るものも、ＧＡＰを筆頭に、低価格ブランド、ノーブランドで充分に満足する。家電製品も、少しぐらい性能が劣っていても安いほうを選ぶ。

しかし、それでも当時のアメリカ人には、物欲の面ではささやかな上昇志向があった。新しいビデオカメラが登場すれば、すぐには手が出ないものの、「いずれ一〇〇〇ドルを切ったら買おう」と心に決め、ひたすらその日を待つ。日本車に対する憧れも強かった。

アメリカ人が面白い点は、ふだんの生活費は切り詰めていても、年に一度の旅行だけは絶対に妥協しないことだった。そんなに大がかりではなく、キャンピングカーに乗って、一週間ぐらいあちこちに出かける程度の旅だが、それでも家計を圧迫することは間違いない。これが日本の家庭ならば、いちばん最初に削減対象とされるのではないか。

どうやら彼らにとっては、その旅行を、自分たちが「中流」度を維持できているかどうかを判断する「防衛ライン」と見なしていたようだ。

旅行ができればまだウチは大丈夫、中流だ、下流ではないと安心する。

これは、単なる「物質的な豊かさ」だけを計る物差しではない。アメリカ人は、家計を切り詰めながらも、「精神的な豊かさ」を守るためにお金を遣い、旅行していたのだ。

「欲」を持たなくなったのは、「みんなと同じ」で満足だから

いまの日本の若者たちには、ささやかな物欲さえ見当たらない。よって、守るべき「防衛ライン」を持つはずもない。

昔の若者の場合は、どんなにお金がなくても車を欲しがった。必死でアルバイトをして中古車でもいいから、とにかく外国車を手に入れたかった。

「四畳半にポルシェ」といった、これまた笑えない笑い話が頻繁に転がっていたものだ。

しかしいまの若い男子は、外国車はおろか、車自体にまるで興味がないどころか、運転免許すら取る気がないという。必要に迫られて車を購入する場合も、「デザイン重視でスピードが出る車」には目もくれず、みんなが乗っている補助金がつくハイブリッドカーや、燃費のいい小型車にしか興味を示さない。

かつて六本木のカローラと呼ばれたＢＭＷや、憧れの象徴・成功者の証だったフェラーリやポルシェを欲しがる人間は、もはや生きた化石となってしまった。

新しい家電製品が登場しても、みんながそれに殺到するということもない。画期的な製品であるブルーレイレコーダーも、安くなってきて、やっと売れ出してきた様子だ。

たしかに、技術革新が頭打ちになっているという側面はある。ビデオテープがＤＶＤに切り替わったときの感動や喜びにくらべると、ＤＶＤからブルーレイディスクへの変化は、やはりインパクトに欠ける。

それでも昔なら、その「ちょっとした進歩」を大いにありがたがり、新型モデルを一刻も早く手に入れたいと考える若者が大勢いた。しかしいまの若者は「欲しいけど買えない」のではなく、そもそも「欲しい」という感情を持たない。まさに「現状に満足」している状態だ。いまの若者が、こぞって欲しがる家電製品といえば、「購入者の長い行列ができて話題になった」「テレビで家電芸人が薦めていた」ものぐらいではないか。

この現象を「足《たる》を知る精神」と見れば、日本人が精神的に豊かになったと言えなくもない。だが実際、そんなに高尚なものではない。

物欲を満たすため、ガツガツと努力するより、欲しい物を諦めて現状を受け入れるほうがはるかに楽だからだ。未来に希望を持てない彼らは「現在」のことしか考えられない。「いまが楽」なら、それに越したことはない。このままでは、一斉にジリ貧になっていくだけだ。

いまの若者たちは、守るべき生活上の「防衛ライン」が異様に低いという見方もできる。最低限「みんなと同じ」であれば満足だから、ブルーレイにしろ、地デジ対応テレビにしろ、みんなが購入し、普及率が急激に高まらないかぎり、必要性を感じない。

したがって、このデフレ状況を改善するには、まず子供たちが「みんなとは違う」ことに価値を見出せるようにし向けるべきだろう。

「みんなと違うこと」に恐怖を覚える子供たちに、「みんなと違うこと」で抱く優越感を教えてあげたい。それが理解できれば、自信もつく。そのためには競争を奨励し、自分が他人とくらべて何が得意で、どんな取り柄があるのかということを、はっきりと理解させたほうがいい。

いまの学校教育は、一方で「個性重視」という旗印を掲げながら、子供たちを平等に扱い、成績や能力を比較しないことで、その個性を埋没させている。

「勉強やスポーツで差別するな」と言いながら、「個性を大事にしよう」なんて、子供たちにとって、極めて難しい要求だ。

実際、得意分野での実力を誇ってはいけないとなると、どうやって個性をアピールしていいかわからない。結局は、個性の対極にある、「みんなと同じ」価値との両立を図るために、「誰からも好かれるテクニック」で勝負するしか打つ手はない。

みんなに嫌われないコミュニケーション能力を持つ子供だけが、「人気」という個性を手に入れ、それを基準にしたスクールカーストができあがった。この流れを阻止しなければならないと思うのは、私だけではあるまい。

「個性を重視する教育」が、経済発展にもつながる

集団心理によるいじめを解消するために、今後は本当の意味で「個性を重視する教育」を行なうべきだ。多くの子供が各々の実力を発揮できるよう、多様なメニューを用意し競争させ、「みんなとは違う自分」をアピールすることに喜びを感じられるようにするのだ。それは結果的に「真の自己」を堂々とさらけ出すことにもつながる。

競争のモチベーションを高めるためには、やはり「夢」という名のニンジンをぶら下げ

てあげる必要がある。別に、「努力すれば誰からも尊敬される立派な人間になれる」といったキレイゴトでなくても全然かまわない。むしろ、「頑張って勉強すれば、こんなに贅沢で楽しい生活ができるぞ」という、下世話な夢にリアリティを感じさせることのほうが大切だ。

贅沢を奨励して、競争を煽《あお》る教育は、子供たちの意欲を高めると同時に、結果的に国の経済を押し上げる原動力にもなる。すると二〇代の若者が「老後の不安」を感じて貯蓄に走ることもなくなるから、まさに好循環だ。

誤解のないよう申し上げておくが、私は何も「人間性」や「精神的な豊かさ」など必要ないと主張しているのではない。社会の現状を見れば、いま、その価値を、教育面で強調するのは作戦として間違っていると訴えているだけである。

教育であれ経済政策であれ、どんな時代の、どんな世の中にも通用する普遍的な正解など存在しない。野球においても試合展開によって監督の采配が瞬時に変わるのと同様、社会背景や時代背景に照らし合わせて、基本方針や提示する価値観を変えていくのは当然のことだ。

ところが困ったことがある。「人間性至上主義」や「精神的な豊かさ」といった価値観には、あたかも人類普遍の理想であるかのようなイメージが付きまとう。だからこそ、それを真っ向から否定する考え方は、広く世間に理解されづらい。これが「誰も反論できないキレイゴト」の恐ろしい側面でもある。

しかし、ここまで本書をお読みになった方々は、いまはそれらのキレイゴトを声高《こわだか》に叫ぶべき時期ではないということが、よくおわかりになっただろう。

「成績がいいだけじゃ、ダメだ」「友達は、ひとりでも多いほうがいい」といった教育も、それが必要な状況はたしかにあるものの、いまはベクトルの向きが逆である。

子供の心を健全に発達させ、国の経済を立て直すためにも、「勉強して成績を上げれば、絶対にいいことがある」「ひとりでもいいから、本当に信頼できる親友を持とう」といった、子供が価値を信じられる方向へと、いますぐ誘導すべきだ。

あなたを知らない人が、あなたを否定できるはずがない

教育や政策のベクトルが、往々にして本来あるべき方向とは逆になってしまうのは、それをリードする立場にいるエリートたちが、自分たちの勝手な価値観だけで物事を判断し

てしまうせいだ。

とくに世間に与える影響が大きいのは、言うまでもなくマスコミだ。

在京テレビ局や新聞社など、大手マスコミで働く人々は、子供のころからガツガツ勉強して、激しい競争を勝ち抜いてきた高学歴層である。彼らの多くが住む東京の山の手地区では、いまだに小学校や中学校の受験競争が盛んだから、その子供たちは、スクールカースト的な環境に染まることなく、他人を蹴落としてでも「みんなとは違う自分」でありたいと願っていると思う。

また、マスコミとは、『ミシュラン』を広げて、その夜に食事する店を検討するような人たちの集団だから、「物質的な豊かさ」を求める気持ちも相変わらず強い。

彼ら自身に関しては、「人間性」や「精神的な豊かさ」の重要性を強調する教育も有効だろう。ときには子供に対して「勉強するだけじゃダメ人間になる」と、ちょっとだけブレーキをかけることも必要だとは思う。

しかし日本人のとくに若者層の90％以上は、もはやそういう人種ではなくなっている。そこに気づいていないマスコミ関係者は、国民の皆が自分と同じ境遇だと思い込み、逆べクトルの教育や政策を支持する情報をまき散らしてしまう。

だから私としては、せめてこの本を手に取った方々にだけは、現在の日本にそんな価値観は通用しないということをご理解いただきたい。

もし、あなた自身が、「友達のいない人間だと思われたくない」というプレッシャーを日々感じているなら、なおさらだ。

「便所飯」や「ランチメイト症候群」まではいかなくとも、自分の人間関係に息苦しさを感じている若い読者は決して少なくないはずだ。

もしかすると、いままさに、スクールカーストの三軍的な感覚に陥って悩んでいる人もいるかもしれない。仲間はずれにされるのは、本当に辛いだろうと心中お察しする。

断言しよう。少なくとも、それはあなたの「人間性」が丸ごと否定されているのではない。誰も「本当のあなた」なんて知らないのだから、そもそも人格を否定できるはずがない。それ以前に、そんな資格もない。本当にたまたま、運悪くクラスの「空気」に合わなかっただけのことだ。現状を打破する方法なんて、いくらでも見つかる。

まずは塾や新しい習い事など、いまいる集団の外に「逃げ場」を探してみてはいかがだろう。そこで「真の自己」を見せられる親友を探すのもひとつの生き方だ。

ご心配なく。他人はそこまであなたに関心がない

また、周囲の目を気にして「偽りの自己」ばかりを演じる日々に疲れている人には、ぜひこの事実を知ってほしい。

そもそも、他人はそんなにあなたのことを気にしていない。

振り返ってみればわかるはずだ。あなた自身が、学食や社員食堂で誰かと一緒にランチを食べるときは、目の前の食事や会話に集中しているだろう。たとえすぐ隣の席で、ひとりで食事をとる人がいたとしても、まったく気に留めることはないはずだ。

顔も覚えていないかもしれないし、男性だったか女性だったか、いや、そういう人がいたかどうかも……それすら怪しくないだろうか。ひとりで食事をしていただけで、すぐに「わっ、友達いない人が、ここにいるよ！」と思い込むほど、人は自分以外の人間に注目していないものだ。

周囲の目なんか、まったく気にする必要はない。

むしろ大切なのは、自分に注目してくれる「ひとりの親友」を持つことだ。

いままで述べたとおり、多くの若者があなたと同じ悩みを抱えている。このことを知っ

ておいてほしい。悩みを親友に打ち明けてみよう。案外、相手も同じことで悩んでいるかもしれない。共感を得られることで、精神的に落ち着くはずだ。

「真の自己」を受け入れてくれる相手がいれば、本音での語り合いを通じて、自分自身の価値観や個性に自信を持てる。すると次第に、他人の目など、ほとんど気にならなくなる。

自分に自信を持つことができたら、同時に夢も生まれるから、今度はその目標に向かって、ちょっと頑張ってみようかという気になる。すると、まずは目先の問題が、面白いように片付いていく。ものすごく遠い未来の、想像もつかない「老後の不安」に苛《さいな》まれることなどない。

前向きな気持ちになれれば、自らの努力で未来を切り拓く勇気もわいてくるのだ。

あとがき

本書に書かれた内容をどうお感じになられただろうか？

こんな話は都市伝説で、ごく一部に見られる話を、あたかも若者全体のことのように拡大解釈しているとお感じになった方もいるかもしれない。

いっぽうで、たしかに今の私たち、今の若者たちの心理をものすごく言い当てている、よくわかると感じた方もいるかもしれない。それどころか、今の自分たちの周りの息苦しさは、こんなレベルではない、現状はもっと酷いと訴えたい方もいるかもしれない。

世の中の階層分化が進む中、人間関係至上主義の学校や職場もあれば、逆に、能力主義が徹底している学校（とくに塾）や職場も増えてきているから、本書で書かれた内容が、とくに普遍化できるとは思っていない。

おそらく読者の方が、もっとも腑《ふ》に落ちないと思ったのは、この「便所飯」現象が、人間性重視の教育や、メディアの在り方の副産物だという私の見解かもしれない。

しかし、人間というのは複雑なもので、良かれと思ってやったことが、理屈どおりにならないことが多いのも事実だ。やや太めの人がいちばん長生きしていたり、やせ型の人の四〇代以降の平均余命が、太めの人より六年も短かったり、糖尿病の人に、血糖値を正常に戻す治療をしたら、血糖値がやや高めの人よりも、死亡率がかなり高くなったりしたなど、きちんと追跡調査をしてみたら、予想に反することが次々とわかってきている（日本の医学界は、それらをあまり重視していないようだが）。

ゆとり教育にしても、九〇年代には学力低下が起こり続けていたのに、批判記事が出たお蔭で、むしろ二〇〇〇年代は基礎学力が下げ止まったというデータも出ている。そのいっぽうで、本来ゆとり教育で伸ばすはずだった、応用学力が下がり続けていることも明らかになっている。

話が横道にそれすぎたが、理屈で立派なことを唱えても、最終的な結果が期待通りになるどころか、とんでもない副作用が出てしまうところが、人間心理の怖さだということが言いたかったのだ。

私の仮説が正しいかどうかはわからない。

しかし、今の教育や社会が、歪《いびつ》な病理を起こしているのなら、どうすればそれを変えられるのかを真剣に考える必要がある。

たまたまこのあとがきを書く前日（二〇一〇年五月十二日）にも、ある中学生の自殺を報じる新聞記事を読んだ。「人間関係に苦しんで」というものだった。

昨今、「学業に苦しんで」という理由はほとんど聞かれなくなり、「人間関係」が自殺の動機の大きなテーマになってきていることは間違いないようだ。昔のような明確、かつ露骨ないじめは起きていないというのに。

子供に優しい社会を目指すのはいい。しかし、結果的にどういう社会が、子供の主観の世界から見て優しい社会なのかを、大人の思い込みでない形で、真面目に考えなければいけなくなっている時期ではないかと私は本気で憂《うれ》いている。

本書を通じて、その思いを共有できる人がひとりでも増えれば、著者として、重ねて幸甚この上ない。

末筆になるが、本書のような奇書とも言える本の編集の労をとっていただいた、祥伝社書籍出版部、黄金文庫編集部の吉田浩行編集長と、岡田仁志氏にはこの場を借りて深謝したい。

二〇一〇年六月

和田秀樹

一〇〇字書評

切り取り線

購買動機（新聞、雑誌名を記入するか、あるいは○をつけてください）

□（　　　　　　　　　　　　　　　　）の広告を見て
□（　　　　　　　　　　　　　　　　）の書評を見て
□ 知人のすすめで　　　　　　□ タイトルに惹かれて
□ カバーがよかったから　　　□ 内容が面白そうだから
□ 好きな作家だから　　　　　□ 好きな分野の本だから

●最近、最も感銘を受けた作品名をお書きください

●あなたのお好きな作家名をお書きください

●その他、ご要望がありましたらお書きください

住所	〒				
氏名		職業		年齢	
新刊情報等のパソコンメール配信を 希望する・しない	Eメール	※携帯には配信できません			

あなたにお願い

この本の感想を、編集部までお寄せいただけたらありがたく存じます。今後の企画の参考にさせていただきます。Eメールでも結構です。

いただいた「一〇〇字書評」は、新聞・雑誌等に紹介させていただくことがあります。その場合はお礼として特製図書カードを差し上げます。前ページの原稿用紙に書評をお書きの上、切り取り、左記までお送り下さい。宛先の住所は不要です。

なお、ご記入いただいたお名前、ご住所等は、書評紹介の事前了解、謝礼のお届けのためだけに利用し、そのほかの目的のために利用することはありません。

〒一〇一-八七〇一
祥伝社黄金文庫編集長　吉田浩行
☎〇三（三二六五）二〇八四
ohgon@shodensha.co.jp

祥伝社ホームページの「ブックレビュー」からも、書けるようになりました。
http://www.shodensha.co.jp/bookreview/

祥伝社黄金文庫

スクールカーストの闇《やみ》　なぜ若者《わかもの》は便所飯《べんじょめし》をするのか

平成25年6月20日　初版第1刷発行

著　者　和《わ》田《だ》秀《ひで》樹《き》

発行者　竹内和芳

発行所　祥伝社《しょうでんしゃ》

〒101－8701

東京都千代田区神田神保町3－3

電話　03（3265）2084（編集部）

電話　03（3265）2081（販売部）

電話　03（3265）3622（業務部）

http://www.shodensha.co.jp/

印刷所　堀内印刷

製本所　ナショナル製本

Printed in Japan　©2013, Hideki Wada　ISBN978-4-396-31612-9 C0195

祥伝社黄金文庫

祥伝社黄金文庫

石井裕之
ダメな自分を救う本
潜在意識とは、あなたの「もうひとつの心」。それを自分の味方につければ……人生は思い通りに！

植西　聰
悩みが消えてなくなる60の方法
あなたには今、悩みがありますか？もしあるとしても、心配する必要はありません。

臼井由妃《うすいゆき》
幸せになる自分の磨き方
もったいない。もっとハッピーになれるのに。仕事。恋愛。お金。知性。みんな選んでいいんです。

永　六輔
学校のほかにも先生はいる
一年のほとんどを旅している永さんが、今だからこそ伝えたい、達人たちの忘れられない言葉の数々。

小田　晋
なぜあの人はもてるのか
恋には古来「不思議」がつきまとう。「恋ごころ」の法則や「もてる人」の秘密を、精神科医がズバリ解き明かす。

金盛浦子
気にしない、今度もきっとうまくいく
本気で願えばほんとにかなうのよ、幸せをつかむコツ教えます。ウラコのまんが&エッセイ。